Friedhelm Moser

Jim Knopf und die sieben Weisen

Eine philosophische Einführung in den lummerländischen Lokomotivismus

Eichborn.

Von Friedhelm Moser ist im Eichborn Verlag u. a.
bereits erschienen: Der philosophische Flohmarkt

Zeichnungen: F. J. Tripp, © by K. Thienemanns Verlag,
Stuttgart - Wien - Bern.
Umschlaggestaltung: Stephanie Weischer unter Verwendung
einer Zeichnung von F. J. Tripp.
Lektorat: Palma Müller-Scherf.
Gesamtproduktion: Fuldaer Verlagsanstalt GmbH, Fulda.
ISBN 3-8218-3452-8

Verlagsverzeichnis schickt gern:
Eichborn Verlag, Kaiserstraße 66, 60329 Frankfurt

Vorwort

Jeder Studienrat weiß, daß die Philosophie mit dem Staunen *beginnt*. Doch womit *endet* sie? Dieses Problem mußte jahrtausendelang auf eine befriedigende Lösung warten: Hegel bildete sich ein, er habe die Philosophie zu einem krönenden Abschluß gebracht, und der junge Wittgenstein wiegte sich, als er den »Tractatus« fertigstellte, in derselben Hoffnung. Beide waren, wie sich bald herausstellte, auf dem Holzweg. Die Geschichte der Philosophie schien – wie die Arbeit des Sisyphos – *unendlich* zu sein.

Aber dann hat die alte Streitfrage doch noch eine verblüffend einfache – und wohl definitive – Antwort gefunden. Es gibt ihn tatsächlich, den finalen Kulminationspunkt des Denkens. Seine Formel lautet: Ende = *Ende*! Im Jahre 1960 nämlich erschien jenes epochale Werk von Michael Ende, das alle Erkenntnisse des Westens, die gesamte Weisheit des Ostens sowie das Geheime Wissen der Frauen verschmolzen und zu einem System von beispielloser Tiefe und Klarheit umgeformt hat: »Jim Knopf und Lukas der Lokomotivführer«, die Begründung des lummerländischen Lokomotivismus!

Die immense Bedeutung des »Jim Knopf« – jahrelang ein Geheimnis der Kinderzimmer – wird inzwischen selbst von etablierten Philosophen anerkannt. So erklärt Karl Marx in seinen »Thesen zu Nepomuk«: »Die Philosophen haben die Welt nur verschieden interpretiert. Es kömmt aber darauf an, Prinzessin Li Si zu befreien.« Und Nietzsches »Also sprach Frau Mahlzahn« wäre ohne die Vorarbeit der »Lummerländer

Schule« ebenso undenkbar wie Schopenhauers »Aphorismen zur Lebensschwarzheit«.

Doch Jim Knopf und Lukas der Lokomotivführer haben die Philosophie nicht nur auf ungeahnte Höhen geführt, sondern auch radikal vereinfacht und vom prätentiösen Fachchinesisch befreit. Das beginnt schon bei der Formulierung der Probleme. Kant z.B. will in der »Kritik der reinen Vernunft« wissen: »Wie sind synthetische Urteile a priori möglich?«[1] Wer solche Fragen stellt, darf sich nicht wundern, wenn er zehn Jahre für die Antwort braucht.

Jim Knopf erkundigt sich: »Was is' denn?«[2] Drei Worte von kristallener Klarheit; ein Problem, das die Menschheit seit Jahrtausenden beschäftigt, souverän auf den Punkt gebracht; Zen in der Kunst des Fragenstellens. Und Lukas antwortet mit gleicher Tiefe und Luzidität: »Es ist Zeit.« Keine sokratische Weitschweifigkeit, kein Heideggerscher Begriffsbombast – diese Art von Ontologie begreift jedes Kind.

Nur ein paar Erwachsene, die den Paradigmenwechsel verschlafen und das unkomplizierte Denken verlernt haben, stehen der monumentalen Schlichtheit des lummerländischen Lokomotivismus hilflos gegenüber. Sie halten hartnäckig daran fest, daß »Jim Knopf und Lukas der Lokomotivführer« ein Jugendbuch sei, und glauben tatsächlich noch immer, daß man Philosophie an der Universität studieren müsse – statt vor der »Augsburger Puppenkiste«.

Solchen Menschen sei dieses Buch gewidmet.

---

[1] Immanuel Kant, Kritik der Reinen Vernunft, Einleitung VI;
[2] Michael Ende, Jim Knopf und Lukas der Lokomotivführer, Kapitel 12

Lummerland

Die Insel Lummerland ist auf keiner Seekarte zu finden. Auch im Lexikon sucht man sie vergebens. Und wenn man sich im Reisebüro erkundigt, ob Frau Waas wohl Zimmer vermietet – möglichst mit Halbpension und Blick auf den Bahnhof –, reagiert das Personal mit Befremdung und argwöhnischem Getuschel. Darüber darf man sich – selbst als Philosoph – nicht wundern. Denn Lummerland liegt – für Pauschaltouristen unerreichbar – im phantastischen Ozean, im Archipel der Träume, etwa auf halber Strecke zwischen Utopia und Liliput.

Was dem Betrachter der Insel – neben ihrem Nicht-in-der-Welt-Sein – zuerst ins Auge sticht, das ist ihre Winzigkeit. Lummerland ist nur »ungefähr doppelt so groß wie unsere Wohnung«. Wenn wir die betreffende Wohnung großzügig mit etwa 100 m² ansetzen – und viele Menschen müssen ihre Bücher auf einem Bruchteil dieser Fläche stapeln –, dann haben die Lummerländer ganze 200 m² Auslauf. Ein Großteil davon ist bebaut bzw. gebirgig. Auf dem freien Platz drängen sich die fünf Bewohner des Zwergstaates: drei Männer, Frau Waas und eine Dampflokomotive namens Emma. Aber halt! Kann eine Gruppe von nur fünf Individuen (darunter eine Lokomotive) überhaupt einen Staat bilden? Ist ein Staat nicht von Natur aus etwas Riesenhaftes, Komplexes, ein Leviathan, an dem viele Tausende oder gar Millionen Menschen teilhaben?

Keineswegs, behauptet Platon in seinem Buch »Der Staat«. Nicht auf die Größe kommt es an, sondern auf die Arbeitsteilung und die Versorgung mit den lebensnotwendigen Gütern: Man braucht einen Landwirt für die Ernährung, einen Weber für die Bekleidung, einen Baumeister, weil man ja – selbst im sonnigen Griechenland – nicht immer im Freien leben kann; dazu eventuell noch einen Schuhmacher und einen Arzt, so daß der minimale Staat aus »vier bis fünf Bürgern bestehen dürfte«.[1]

Genau vier bis fünf Personen leben aber im Staatswesen Lummerland, je nachdem, ob man die Lokomotive Emma dazuzählt oder nicht!

Die Arbeitsteilung – Platons Hauptkriterium – klappt im Staate Lummerland vorzüglich:

Da haben wir zunächst einmal Lukas, den Lokomotivführer, als Vertreter der Werktätigen, und Emma, die für den öffentlichen Nahverkehr zuständig ist. Frau Waas, die dicke Betreiberin eines Kaufladens, »wo man alles besorgen konnte, was man so braucht«, repräsentiert den Handel. Herr Ärmel ist für das Spazierengehen zuständig und fungiert gelegentlich als Verbraucher, z.B. wenn er bei Frau Waas ein Reiseandenken ersteht. An der Spitze des Staates steht bzw. thront König Alfons der Viertel-vor-Zwölfte, ein milder, friedliebender Monarch, dessen Leidenschaft das Ferngespräch ist.

Da alle fünf ihrem jeweiligen Beruf gewissenhaft nachgehen und niemand sich in die Angelegenheiten eines anderen einmischt, können wir Lummerland nicht nur mit gutem Gewissen als vollwertigen Staat bezeichnen, wir erkennen in ihm auch einen durch und durch gerecht eingerichteten Staat. Wenn Frau Waas »Portemonnaies in Form von kleinen Lederhosen« verkauft, wenn Herr Ärmel die Staatsgrenzen abschreitet, wenn der König seine Tage am Telefon verbringt, wenn Lukas der Lokomotivführer und Emma pfeifend durch die fünf Tunnels der Insel fahren, dann erfüllt ein jeder seine angestammte Aufgabe – und genau das macht nach Platon das Wesen der Gerechtigkeit aus, »daß der zum Schuhmacher Geborene ausschließlich Schuhe machen solle und nichts anderes, und der zum Zimmermann Geborene nur zimmern, usw.«.[2]

Denn dort, wo der Schuster nicht bei seinem Leisten bleibt, bricht unweigerlich die Anarchie aus. Chaos und Bürgerkrieg sind die Folge. Der Staat zerfällt. Mit Herrn Ärmel als Diktator und Frau Waas als Lokomotivführerin wäre Lummerland bald ein rauchender Trümmerhaufen.

*

Wie weit geht die Ähnlichkeit zwischen Platons Utopie und dem Gemeinwesen Lummerland? Existieren zwischen diesen beiden Staaten Verbindungen, die der Lokomotivismus-Forschung bisher entgangen sind?

Ein Satz im ersten Kapitel macht stutzig: »König Alfons der Viertel-vor-Zwölfte hatte zwei Untertanen.« Gemeint sind Frau Waas und Herr Ärmel. Lukas der Lokomotivführer und seine Emma werden ausdrücklich *nicht* als Untertanen gezählt! Also besteht das Königreich Lummerland, staatsrechtlich betrachtet, aus nur *drei Menschen*. Die Zuordnung zu den *drei Ständen* Platons liegt auf der Hand!

Frau Waas verkauft in ihrem Laden Butter, Spinat und Zucker, gehört also zum Nährstand. (Extensive Landwirtschaft kann wegen des Platzmangels auf der Insel nicht betrieben werden, aber wir dürfen davon ausgehen, daß Frau Waas hinter ihrem Haus ein Gemüsebeet beackert.) Auch »rote Apfelbäckchen« sind typisch für das einfache Volk, und einen weiteren Hinweis liefert die Vermutung: »Wahrscheinlich war einer ihrer Vorfahren mal schwerhörig gewesen, und da hatten ihn die Leute einfach so genannt, wie er immer gefragt hatte, wenn er etwas nicht verstand.« Wer nie etwas versteht und ständig »Waas??« fragt, der hat keinen »Verstand«, und der Mangel an Grips ist seit jeher ein Erbteil des Nährstandes: Die dümmsten Bauern haben die dicksten Kartoffeln.

Herr Ärmel »ging meistens mit einem steifen Hut auf dem Kopf und einem zusammenklappbaren Regenschirm unter dem Arm spazieren. ... Er hatte keinen bestimmten Beruf. Er ging nur spazieren und war eben da.« Ein verblüffender Befund. Jemand, der nichts tut, sondern *nur da ist*, wirkt auf einer dicht besiedelten Miniatur-Insel wie Lummerland überflüssig, ja störend. Trotzdem wird König Alfons nicht ihn, sondern die fleißige, gutmütige Emma ins Exil schicken. Aus welchem Grund? Weil Herr Ärmel der »Wächter« der

Insel ist! Seine Spaziergänge ersetzen das körperliche Training von Platons Kriegerkaste und sind zugleich Kontrollgänge: Er schützt Lummerland vor ausländischen Invasoren und sorgt als Geheimpolizist für die innere Sicherheit. Wenn er Frau Waas besucht und ein Reiseandenken kauft, so ist das nur ein Vorwand, um den Nährstand unauffällig zu überwachen und mögliche Massenerhebungen im Keim zu ersticken.

Niemand auf der Insel – außer vielleicht König Alfons – ahnt etwas von Herrn Ärmels Doppelleben. Dabei müßte ihn schon sein Äußeres verraten. Sein steifer Hut ist ein getarnter Stahlhelm, und bei dem so harmlos aussehenden Regenschirm handelt es sich um eine moderne Mehrzweckwaffe: Zusammengeklappt eignet sie sich zum Aufspießen und Durchbohren, aufgespannt erfüllt sie die Defensivfunktionen eines Schilds. Müssen wir noch erwähnen, daß »Ärmel«, der Name dieses Undercover-Wächters, die Verkleinerungsform des Wortes »Armee« darstellt …?

*

Für Alfons den Viertel-vor-Zwölften bleibt also nur noch der Stand der Philosophenkönige übrig. An Alfons' Regentschaft gibt es keinen Zweifel. Doch ist er auch ein Philosoph?

Betrachten wir sein Äußeres: Der »Schlafrock aus rotem Samt« steht nicht in der Tradition des klassischen Philosophenmantels, hat jedoch Ähnlichkeit mit dem berühmten Purpurgewand des Empedokles[3]. Dessen goldene Kopfbinde dürfte als Vorbild für die Königskrone gedient haben. Nur in einem Punkt unterscheidet Alfons sich von dem legendären Vorsokratiker: Dieser wandelte auf ehernen Sandalen, der Monarch von Lummerland trägt »schottisch karierte Pantoffeln«. Aber das hat seinen Sinn: Während das Karo-Muster asketische Bedürfnislosigkeit symbolisiert, gehö-

ren die Schlappen als solche zu den Reichsinsignien: Lummerland steht unter dem Pantoffel.

Was aber hat es mit den geheimnisvollen Telefonaten auf sich, die Alfons der Viertel-vor-Zwölfte von seinem großen, goldenen Apparat aus führt? Plaudert er mit Königs-Kollegen in Übersee? Ist er Telefonsex-süchtig? Oder hält er sich am Hörer fest, damit niemand merkt, daß er kein Zepter besitzt?

Gehen wir von der Hypothese aus, daß es sich bei Alfons dem Viertel-vor-Zwölften tatsächlich um einen Philosophen handelt:

Was ist die Hauptbeschäftigung der Philosophen?

Fragen zu stellen.

Was will ein Fragensteller?

Antworten.

Und wer beantwortet Fragen am Telefon?

Die Fernsprechauskunft.

Das also ist des Rätsels Lösung: König Alfons der Viertel-vor-Zwölfte eifert Sokrates nach. Er verwickelt naive TelefonistInnen in aporetische Gespräche, z. B. über das Wesen der Einheit. Das angemessene Hobby für einen Philosophenkönig.

---

[1] Platon, Staat, 369d
[2] a.a.O., 443 c
[3] Diogenes Laertios, VIII, 73

Emma und Lukas

Lukas der Lokomotivführer ist erklärtermaßen »kein Untertan«, besitzt also auch nicht die lummerländische Staatsangehörigkeit. Wenn er kein echter Lummerländer ist, was ist er dann? Richten wir unser Augenmerk auf das, was ihn von Herrn Ärmel unterscheidet:

1. Lukas ist werktätig und hat keine Angst, sich die Hände schmutzig zu machen.
2. Er sprüht vor Lebensfreude, so daß er selbst bei der Arbeit vor sich hin pfeift.
3. Er hat eine dunkle Hautfarbe.
4. Er hält sich bevorzugt am Bahnhof auf.

All das spricht dafür, daß es sich bei Lukas dem Lokomotivführer um einen Gastarbeiter handelt. Er hat eine feste Funktion in der arbeitsteiligen Gesellschaft der Insel und ist redlich bemüht, sich auch äußerlich anzupassen. Jeden Tag wäscht er sich »mit einer besonderen Lokomotivführer-Seife«. Doch sein abweichendes Verhalten stempelt ihn zum Außenseiter. Kein alteingesessener Lummerländer würde je eine Nuß mit den Zähnen knacken, einen Looping spucken oder einen »kleinen golden Ring im Ohr« tragen.

*

Auf den ersten Blick scheint Lummerland eine Insel der Asexualität zu sein. Der zweite Blick belehrt uns eines besseren:

Zwischen Frau Waas und Herrn Ärmel schwelt die Glut unerfüllten Verlangens. Die »Liebesperlen« im Kaufladen sind ein schamlos-eindeutiges Angebot.

Herr Ärmel jedoch ist durch und durch Soldat. Da er nie gelernt hat, seine Gefühle auszuleben, läßt er die als Süßigkeiten getarnten Aphrodisiaka links liegen. Alles, was er sich von Frau Waas zu verlangen getraut, sind kitschige Reiseandenken, und die Leidenschaft der Kaufladenbesitzerin verglüht umsonst in ihren roten Apfelbäckchen.

Alfons der Viertel-vor-Zwölfte findet Befriedigung im philosophischen Gespräch mit wechselnden PartnerInnen. Die sadistische Motivierung seiner endlosen Fernverhöre liegt auf der Hand. So wie einst Sokrates fühlt er sich erst dann am Ziel seiner Wünsche, wenn das Opfer seiner Wißbegier, von bohrenden Fragen festgenagelt und paralysiert, verzweifelt aufstöhnt, um Gnade winselt und im Extremfall auflegt.

Einzig Lukas der Lokomotivführer führt – gegen alle erotischen Anfechtungen gefeit – ein Leben in arbeitsamer Keuschheit.

Wirklich? Wir lesen: »Hier lebte Lukas der Lokomotivführer mit seiner Lokomotive. Die Lokomotive hieß Emma ...« Emma ist etwas altmodisch, ein bißchen dick, und wenn Lukas auf ihr herumfährt, dann schnauft und pfeift sie vor Vergnügen. »Besonders in den Tunnels, weil es da so schön hallte.«

Nein, ein Mann, der »eine Eisenstange zu einer Schleife binden« kann, braucht eine Frau. Und weil die Aufenthaltserlaubnis für Lummerland schwer zu bekommen ist, hat Lukas seine Geliebte Emma, als Dampflokomotive ausstaffiert, über die Staatsgrenze geschmuggelt. Der Grenzschutzbeamte Herr Ärmel hat sich – so ähnlich wie später die Drachenwachen von Kummerland – von ihrer perfekten Tarnung täuschen lassen.

»Aber Emma ist doch eine Maschine und kein Mensch!« Dieser scheinbare Widerspruch ist bereits im 18. Jahrhundert aufgelöst worden. Der französische Aufklärer de La Mettrie veröffentlichte ein Buch mit dem provokanten Titel »Die Maschine Mensch«. Darin vertrat er die These, der Mensch lasse sich – ebenso wie die Tiere – vollständig als mechanisches System erklären. Der Geist hänge von Körpersäften, Nerven und Hirnfunktion ab. Die vermeintlich unsterbliche Seele sei in Wirklichkeit »nur ein Bewegungsprinzip bzw. ein empfindlicher materieller Teil des Gehirns, den man – ohne einen Irrtum befürchten zu müssen – als eine Haupttriebfeder der ganzen Maschine betrachten kann«.[1]

Wenn aber der Mensch eine Maschine ist, warum sollte eine Maschine kein Mensch sein können? Die Lokomotivendame Emma – das wird sich bald zeigen – hat mehr Herz als die meisten Leute aus Fleisch und Blut, und sie besitzt einen ausgeprägten Charakter:

So wird sie z.B. als »etwas altmodisch« beschrieben. Dieses Attribut dürfte sich kaum auf ihre Technik beziehen. Was sie so anachronistisch wirken läßt, ist ihr Selbstverständnis als Frau. Es heißt über sie: »Lokomotiven haben zwar keinen großen Verstand – deshalb brauchen sie ja auch immer einen Führer – aber sie haben ein sehr empfindsames Gemüt.« Und ein paar Zeilen weiter: »Emma begriff zwar nichts von dem, was Lukas sagte. Aber sie hatte ihn sehr lieb, und sie konnte es einfach nicht aushalten, ihn so traurig zu sehen. Sie fing herzzerbrechend zu heulen an.«

Emma – soviel steht fest – hat nie zu einer autonomen Persönlichkeit reifen können. Sie ist ständig in Bewegung, aber keinesfalls in der Frauenbewegung. Alle Signale der Emanzipation überfährt sie mit fröhlicher Ahnungslosigkeit. Sie ist – vielleicht auch, weil sie sich illegal in Lummerland aufhält – völlig auf ihren Mann und Lokomotivführer fixiert. Ihr mangelndes Selbstwertgefühl kommt auch darin zum Ausdruck, daß sie sich ohne Protest einschränken läßt und sich nur auf den eingefahrenen Gleisen bewegt.

Daß sie nahe am Wasser gebaut hat (»Sie fing herzzerbrechend zu heulen an.«), ist für eine Dampflokomotive allerdings kein Nachteil. Sie kann problemlos ihren eigenen Kessel auffüllen.

*

Wenn Emma dem Klischee des unmündigen, sentimentalen Weibchens entspricht, so ist Lukas ein typischer Vertreter des Patriarchats. Er behandelt seine Frau mit gutmütiger Herablassung: »Er klopfte ihr den dicken Leib und gab ihr etwas Öl, weil sie das besonders gerne mochte.« Die Entscheidung, Lummerland zu verlassen, wird nicht im offenen, partnerschaftlichen Dialog ausdiskutiert, sondern in heroischer Einsamkeit von Lukas getroffen: »Er nickte traurig und sagte leise: ›Gut. Wir werden gehen. Alle beide.‹.« Emmas Meinung ist nicht gefragt.

Andererseits steht Lukas zu seiner Lokomotive. Ja, mehr als das: Er ist gefühlsmäßig genauso von ihr abhängig wie sie von ihm: »›Wenn du weg mußt, dann gehe ich mit, das ist doch klar. Was soll ich denn ohne dich anfangen?‹«

In Emma findet Lukas das Ewig-Weibliche, sie ist *anima* und *magna mater* für ihn, sie bildet den emotionalen Mutterboden, in dem er – der *puer aeternus* als Lokomotivführer – gründet und sich wohlfühlt. Und vergessen wir nicht den sexuellen Aspekt: In Emma lodert ein Feuer, das von Lukas immer wieder geschürt und mit frischen Kohlen versorgt wird. Der Psychologe Erich Neumann bemerkt dazu: »Die in der Sexualität aufflammende Libido, das innere Feuer, das zum Orgasmus führt, ist ein im Weiblichen ruhendes Feuer, das vom Männlichen nur in Bewegung gesetzt wird.«[2] Die Lokomotive ist ein Archetyp weiblicher Leidenschaft. Daher träumen viele Jungen davon, später einmal Lokomotivführer zu werden.

Mit dem wärmenden häuslichen Herd, der seit unvordenklichen Zeiten von den Frauen gehütet worden ist, hat Emmas Feuerbuchse nur wenig zu tun. Ihre Glut verwandelt sich bei Bedarf in unwiderstehliche Kraft. Ja, an eine Dampfmaschine angeschlossen, kann »die ›Hitze‹ des Weiblichen, seine ›Brunst‹, auch als verderblich höllische Macht auftreten«.[3] In jeder Lokomotive schlummert ein Vulkan. Daher verwirklichen besonnene Männer ihre Kindheitsträume, indem sie im Keller eine Modelleisenbahn aufbauen.

*

Auf Lummerland hat man sich an Emmas Fauchen und den schrillen, durchdringenden Ton der Dampfpfeife gewöhnt. Unter den Einwohnern von Mandala aber wird ihre »höllische Macht« eine Panik auslösen: »Die Leute rannten erschrocken davon, und schließlich war der ganze Platz völlig menschenleer.«

Ernst Bloch beschreibt, wie Emmas Urahnin, Stevensons Prototyp einer Lokomotive, auf die Menschen wirkte: Es war ein »Ungeheuer«, es »zischte in einer Gestalt vorüber, die noch niemand auf der Erde gesehen hatte, kohlschwarz, funkensprühend, mit übernatürlicher Geschwindigkeit. Noch schlimmer, wie in alten Büchern der Teufel abgebildet wurde ...« Die Augenzeugen »fielen am nächsten Tag in ein hitziges Fieber, der Pfarrer wurde irrsinnig«. Und Bloch fügt hinzu: »Am Irrsinn des Pfarrers sah man, wie einer der größten Umwälzer der Technik aussah, bevor man sich daran gewöhnte und die Dämonie dahinter verlor.«[4]

Auch in Emma sehen wir die Doppelnatur des technischen Fortschritts verkörpert. Das zeigt sich eindrucksvoll beim Drachenkampf. Frau Mahlzahn, die

Protagonistin des *ancien régime*, sieht »ein furchterregendes Ungetüm« auf sich zu rasen. Die Kinder aber als Repräsentanten der Zukunft erkennen Emmas »wahre Natur« und feuern sie begeistert an: »Hoch die Lokomotive!«

Aber halt! Wir sind ein paar Stationen vorausgeeilt. Jim Knopf, der Held unserer Geschichte, wird ja eben erst zugestellt.

---

[1] La Mettrie, Die Maschine Mensch, Hamburg 1990, S.111
[2] Erich Neumann, Die Große Mutter, Olten 1987, S.291
[3] a.a.O.
[4] Ernst Bloch, Spuren, Frankfurt a.M. 1978, S.160

Das Paket

»Eines schönen Tages legte das Postschiff am Strand von Lummerland an, und der Briefträger sprang mit einem großen Paket unter dem Arm an Land.«

Das Paket ist in kaum leserlicher Schrift an eine

»frau maltsan
in XUmmrLanT
AlTe sTRsE 133
TRITE ETAsE lInxs«

adressiert. Dabei gibt es auf der ganzen Insel weder eine »Frau Malzaan oder so ähnlich«, wie König Alfons der Viertel-vor-Zwölfte treffend bemerkt, noch eine Alte Straße, von einer dritten Etage ganz zu schweigen. Absender des Pakets ist »eine große 13«.

Die braven Lummerländer sind ratlos. Endlich, nachdem er »vor Aufregung drei Stunden lang ohne Unterbrechung« die Telefonauskunft zu Rate gezogen hat, entscheidet König Alfons, Frau Waas solle das Paket öffnen.

Wohlverpackt in einer Schachtel mit Luftlöchern liegt – «ein kleines schwarzes Baby«, und Herr Ärmel diagnostiziert mit dem für Geheimpolizisten typischen Scharfblick: »Ein kleiner Neger«! Das Baby wird von Frau Waas adoptiert, und Lukas tauft es auf den Namen Jim. Der große, starke Mann hat das kleine, verängstigte Wesen sofort ins Herz geschlossen. Baby und Lokomotivführer reichen einander die Hand, und »von diesem Tag an waren sie Freunde«.

*

Die Schilderung von Jim Knopfs Ankunft ist einer der Höhepunkte des Werkes, nicht allein wegen ihrer Dramatik und menschlichen Wärme, sondern auch in ihrer Eigenschaft als Standardtext des Existenzialismus.

Am Anfang *ist* Jim *in* einem Paket. Aber was, fragen wir mit Martin Heidegger, bedeutet *In-sein*? Der große Dunkle aus dem Schwarzwald beleuchtet, um das existenzphilosophische *In-sein* abzugrenzen, zunächst den geläufigen Ausdruck »Sein in«: »Mit diesem Terminus wird die Seinsart eines Seienden genannt, das ›in‹ einem anderen ist wie das Wasser ›im‹ Glas, das Kleid ›im‹ Schrank. Wir meinen mit dem ›in‹ das Seinsverhältnis zweier ›im‹ Raum ausgedehnter Seienden zueinander in bezug auf ihren Ort in diesem Raum.«[1]

In-sein dagegen bezieht sich auf das menschliche Dasein und bedeutet nicht »das Vorhandensein eines Körperdinges (Menschenleib) ›in‹ einem vorhandenen Seienden«. Es ist vielmehr »der formale existenziale Ausdruck des Seins des Daseins, das die wesenhafte Verfassung des In-der-Welt-Seins hat«.

Mit anderen Worten: Das Wasser, das »im« Glas ist, kann man aus-gießen. Das Kleid, das »im« Schrank hängt, kann man heraus-nehmen. Dagegen ist das menschliche Dasein »in« der Welt nicht von dieser Welt zu trennen. Der Mensch kann nicht aus der Welt heraus-treten. Ein Mensch ohne Welt ist unvorstellbar. Dasein bedeutet In-der-Welt-Sein.

Jim ist onto-logischerweise sowohl »in« dem Paket (im Sinne des »Seins in«) als auch »in« der Welt (im Sinne des *In-Seins*). Über das *In-der-Welt-Sein* läßt Heidegger sich gründlich aus. Doch was es mit der Seinsverfassung des *In-einem-Paket-Seins* auf sich hat, bleibt ungeklärt. Wir müssen uns die Frage selbst beantworten.

Als Frau Waas das Paket öffnet, schaut das kleine schwarze Baby »alle Umstehenden mit großen glänzenden Augen an« und scheint »ziemlich froh zu sein«, daß es aus dem »ungemütlichen Karton« herauskommt. Wir können also, ohne einer gründlichen phänomenologischen Analyse vorgreifen zu wollen, davon ausgehen, daß die Seinsverfassung des *In-einem-Paket-Seins* – zumal für ein kleines schwarzes Baby – nicht von Be-Haglichkeit bestimmt ist und die Um-Stehenden berechtigten An-Laß zur *Sorge* haben. Das Sorgen übernimmt in erster Linie Frau Waas, »denn sie hatte sich schon immer ein Kind gewünscht, für das sie abends kleine Jacken und Hosen nähen konnte«.

*

Das Licht der Welt ist nicht eitel Sonnenschein. Auf die Seinsverfassung des *Aus-einem-Paket-herausgekommen-Seins* reagiert der kleine Jim mit *Angst* und beginnt zu weinen. Seine *Angst* darf keinesfalls verwechselt werden mit seiner *Furcht* vor »dem großen schwarzen Gesicht von Lukas«. Die Furcht bezieht sich nach Kierkegaards Definition stets auf ein bestimmtes Objekt (z.B. ein schwarzes Lokomotivführergesicht), während sich in der Angst die Unheimlichkeit der ganzen Welt manifestiert. Die Angst ist »der Schwindel der Freiheit« und der Gegenstand der Angst ist »das Nichts«.[2]

Kierkegaards Diagnose läßt sich tatsächlich am Text belegen:

Der arme Jim »war ja noch viel zu klein, um irgend etwas zu verstehen«. Anders ausgedrückt: Er verstand *nur Bahnhof*. Mit einem Wort: *nichts!* Existenzphilosophisch ausgelotet, bedeutet das: Schon als Säugling verstand Jim Knopf *das Nichts*!

Wenn man sich unversehens mit einem schwarzen Lokomotivführergesicht und gleichzeitig mit dem *Nichts* höchstpersönlich konfrontiert sieht,

kann man schon die Nerven verlieren. Kein Wunder, daß Jim anfängt zu heulen und sich wieder in das ungemütliche, aber sichere Dunkel seines Pakets zurücksehnt.

Doch es führt kein Weg zurück in diese Geborgenheit. Das wußte schon Jean-Paul Sartre, und auch Jim muß die bittersüße Erfahrung machen: Der Mensch ist »dazu verurteilt, frei zu sein«. Das bedeutet, »daß wir nicht die Freiheit haben, aufzuhören, frei zu sein«.[3]

Wir alle – seien wir nun Résistance-Kämpfer oder kleine schwarze Babys – dürfen nicht in unserem vertrauten Karton bleiben, wir können uns nicht drücken, wir müssen uns der Welt und ihren schwarzen Gesichtern stellen. Der Mensch muß sich entscheiden, wer er sein will, und niemand kann ihm diese Entscheidung abnehmen.

Allerdings kann ihm jemand Hilfestellung leisten. Lukas fragt: »Na, Jim, wollen wir Freunde sein?« Jim nimmt diesen Vorschlag in Freiheit an. Er streckt »seine kleine schwarze Hand mit den rosa Handballen nach ihm aus«, und Lukas ergreift sie »behutsam mit seiner großen schwarzen Hand …«

Jim hat gewählt. Er hat die Weichen für sein Leben gestellt. Von nun an ist er der Freund von Lukas dem Lokomotivführer, und Lukas der Lokomotivführer ist der Freund von Jim. Das bedeutet: Jims Entscheidung ist nicht seine Privatsache, sondern Lukas ist mit in diese Entscheidung eingebunden. Sartre hat das folgendermaßen kommentiert: »Der andere [= Lukas] ist meiner Existenz unentbehrlich, ebensosehr wie er der

Erkenntnis, die ich von mir selber habe, unentbehrlich ist. Unter diesen Bedingungen enthüllt die Entdeckung meines Innersten [= der Wunsch, Lokomotivführer zu werden] mir gleichzeitig den anderen, als eine mir gegenübergestellte Freiheit …«[4]

*

Die Begegnung zwischen Jim und Lukas eröffnet uns neben den Abgründen der Existenzphilosophie noch einen zweiten Problemkreis:

Warum schließt Jim ausgerechnet mit Lukas dem Lokomotivführer Freundschaft? Warum nicht mit Herrn Ärmel oder König Alfons dem Viertel-vor-Zwölften? Warum empfindet auch Lukas diese Freundschaft auf den ersten Blick? Kann es zwischen einem Baby und einem Lokomotivführer überhaupt eine echte Freundschaft geben? Ja, was *ist* Freundschaft eigentlich?

Als Fachmann für zwischenmenschliche Beziehungen gilt Aristoteles. In seiner »Nikomachischen Ethik« doziert er:

1) Freundschaft beruht auf gegenseitigem Wohlwollen.

2) Freundschaft im eigentlichen Sinne entsteht zwischen *gleichartigen* Menschen.

3) Man unterscheidet drei Formen der Freundschaft: die nützliche Freundschaft, die Tugendfreundschaft und die Freundschaft aus Lust an der Freundschaft.

Wenn wir diesen Maßstab bei Jim und Lukas dem Lokomotivführer anlegen, dann können wir die folgenden Thesen aufstellen:

1) Zwischen den beiden herrscht ein gegenseitiges Wohlwollen.

2) Sie haben bei allen Unterschieden der Größe und des Alters auch sehr viel gemeinsam. So sind sie beide männlich (Ganz richtig hat Lukas prognostiziert: »Es wird ein Junge werden.«). Noch wichtiger: Sie haben beide eine pechschwarze Haut, eine Eigenschaft, die sie von allen anderen Einwohnern Lummerlands unterscheidet und zu einem Leben als Lokomotivführer prädestiniert.

3) Zwischen Jim und Lukas blüht gleich am Anfang die dritte (und vielleicht schönste) Freundschaftsvariante auf: die Freundschaft, »die auf der Lust fußt, wenn derselbe Reiz von beiden ausgeht oder sich beide aneinander freuen oder über dasselbe«.[5]

Daß die Nutz- und die Tugendfreundschaft schon bald dazukommen, werden wir im folgenden Kapitel sehen.

---

[1] M. Heidegger, Sein und Zeit, Tübingen 1979, S.54

[2] S. Kierkegaard, Der Begriff der Angst, in: Die Krankheit zum Tode und anderes, München 1976, S. 512 f.

[3] J.-P. Sartre, Das Sein und das Nichts, zitiert nach: Seminar: Freies Handeln und Determinismus, hrsg. von Ulrich Pothast, Frankfurt 1978, S. 48

[4] ders., Ist der Existentialismus ein Humanismus?, in: Drei Essays, Berlin 1970, S.26

[5] Aristoteles, Nikomachische Ethik, VIII 7.

Jim Knopf

Wie Jim zu seinem Nachnamen kommt, ist eine kuriose Geschichte:

Jim hat immer ein Loch in seiner Hose, und stets an derselben Stelle. Frau Waas hat es schon hundertmal geflickt, aber jedesmal ist es nach ein paar Stunden – ratsch! – wieder da. Da kommt ihr die rettende Idee: Sie näht einfach einen großen Knopf an das Loch. »Jetzt konnte man das Loch, statt es zu reißen, einfach aufknöpfen, dann war es da. Und statt es zu flicken, brauchte man es nur wieder zuzuknöpfen.«

Was will uns dieser Knopf sagen?

Jims Hose besteht mit an Sicherheit grenzender Wahrscheinlichkeit aus Stoff. Der Stoff aber – auch Materie genannt – ist das, woraus unsere Welt gemacht ist. Er ist nach der Auffassung des Aristoteles ungestaltet und ewig. Damit überhaupt irgendetwas entstehen kann, müssen der Stoff (hýle) und eine Gestalt (eîdos) zusammenkommen.

Betrachten wir nun die Entstehung eines Loches: Die Gestalt des Loches kann ganz unterschiedlich sein; man findet:

runde Löcher, wie z.B. das Einstiegsloch von Emmas Wasserkessel;

halbkreisförmige Löcher, wie z.B. die Höhlenöffnung, durch die Emma in die Drachenstadt gelangt;

viereckige Löcher, wie z.B. das Felsenloch, durch das Li Si ihre Flaschenpost in den Gelben Fluß wirft;

Löcher im Hosenboden, die gewöhnlich eine *dreieckige* Form haben.

Während die Gestalt des Loches also variiert, ist sein

Stoff immer gleich. Er ist genau genommen nicht-stofflich. Erst dadurch, daß im Loch kein Stoff ist, wird es zum Loch. Statt eines Stoffes ist *nichts* im Loch. Man könnte auch sagen: Das Nichts ist der ›Stoff‹, aus dem die Löcher sind.

Zwei Philosophenschulen haben sich dieses Problems angenommen: Parmenides von Elea, der Gründer der einen Schule, stellte die These auf, daß »das Sein ist, und das Nichts nicht ist«[1]. D.h. nur das Seiende existiert. Das Nicht-Seiende läßt sich nicht einmal denken. Das Loch *ist* demnach ebenso wie der Stoff (auch wenn es genau genommen aus nichts besteht). Wenn es nämlich *nicht wäre*, dann müßte Frau Waas nicht dauernd zum Flickzeug greifen.

Die andere Schule, deren Vor-Denker Heraklit war, glaubt, daß das Nichts tatsächlich existiert und mit dem Seienden in einem ewigen Prozeß des Werdens und Vergehens verknüpft ist. Der geflickt-seiende Stoff fordert Jim geradezu zum Zerreißen auf, das eingerissen-seiende Loch wiederum läßt Frau Waas keine Ruhe, bis sie es geflickt hat. So ergibt sich aus dem Gegensatz von Stoff und Loch, d.h. von Sein und Nichts, eine ununterbrochene Folge von Handlungen. Die Wirkung wird zur Ursache, die Ursache wieder zur Wirkung.

Hegel hat dieses Prinzip – das Prinzip der Dialektik – vervollkommnet, indem er aus dem Zweischritt einen Dreischritt machte – sozusagen einen philosophischen Walzer: These und Antithese (das Sein und das Nichts) treffen sich in der Synthese des Werdens. Die beiden Gegensätze heben sich auf, und es entsteht etwas Neues. Oder, um es in den Begriffen von Frau Waas auszudrücken: Stoff und Loch heben sich auf in der Synthese des Knopfes.

(Im Text wird es zwar nicht ausdrücklich erwähnt, aber wir dürfen wohl davon ausgehen, daß es sich um einen Knopf aus *synthetischem* Material handelt.)

*

Jim wächst heran und wird »ein richtiger Junge«. Daß er kein falscher Junge wird, verdankt er seiner Erziehung. Weil Lummerland keine Schulpflicht kennt, lernt Jim alles, was er wissen muß, von seinem Freund Lukas dem Lokomotivführer, und der ist ein Erzieher ganz nach dem Geschmack von Jean-Jacques Rousseau.

»Ein Erzieher! Welch erhabene Seele muß er haben!« seufzt Rousseau. »Um einen Menschen heranzubilden, muß man in der Tat Vater oder Übermensch sein.«[2]

Lukas erfüllt beide Bedingungen. Er ist Jims Adoptivvater, und er besitzt zumindest eine übermenschliche Fähigkeit: »Er konnte nämlich einen Looping spucken.« Und »*das* machte ihm auf der ganzen Welt so leicht keiner nach«.

Rousseau verlangt in seinem »Émile«, daß »Zögling und Erzieher unzertrennlich seien, daß sie ihr beiderseitiges Los als gemeinsames Schicksal empfänden«.[3] Und wahrhaftig: Jim und Lukas halten zusammen wie Pech und Schwefel. Selbst in Todesgefahr:

»Jim, alter Junge!« sagt Lukas, als die Bonzen von Mandala ihnen den Kopf abschlagen lassen wollen. »Tut mir leid, daß du nun mein Schicksal teilen mußt.«

Und Jim antwortet leise: »Wir sind doch Freunde.«

Der Unterricht, den Rousseau empfiehlt, ist praxisorientiert und anschaulich: »Haltet eurem Zögling keine Reden: Er darf nur aus der Erfahrung lernen.«[4] Wortreiche Erklärungen, hinter denen keine Erfahrungen stehen, verleiten die Kleinen nur zu altklugem

Geschwätz. Daher »schränken wir … den Wortschatz der Kinder so weit wie möglich ein«.[5]

Aus dem gleichen Grunde werden alle Bücher aus der Kinderstube verbannt: »Die Lektüre ist die Geißel der Kindheit.« Und »wie ich alle Pflichten von den Kindern fernhalte, so nehme ich ihnen die Werkzeuge ihres größten Unglücks: die Bücher«.[6] (Eine einzige Ausnahme gestattet Rousseau seinem Schützling Émile: Den »Robinson Crusoe« darf er lesen.)

Jims Ausbildung entspricht diesen Rahmenrichtlinien in allen Belangen: »Sie verstanden sich ohne viele Worte. … Oft fuhr Jim auf der Emma mit, und Lukas zeigte und erklärte ihm alles. Manchmal durfte Jim unter Lukas' Aufsicht sogar schon ein Stück weit selbst fahren.« Dabei kann er weder schreiben noch lesen. Das einzige Buch, mit dem Jim regelmäßig in Berührung kommt, ist die Schwarte, die Frau Waas ihm auf den Kopf legt, wenn sie am Türpfosten seine Körpergröße messen will.

*

Als Jim mit Lukas fort will, steht er vor einem Dilemma. Einerseits möchte er Frau Waas einen Abschiedsbrief hinterlassen, andererseits ist er ein überzeugter und bekennender Analphabet. Doch ein unverbildetes Naturkind weiß sich in jeder Situation zu helfen: »Ich werd' eben einen Brief zeichnen.« Er erfindet aus dem Handgelenk eine genial einfache Hieroglyphenschrift. Diese ist leicht verständlich und ausgesprochen konnotativ, d.h. sie bezeichnet außer den Gegenständen selbst auch noch Eigenschaften dieser Gegenstände. Zum Beispiel verweist das Zeichen für Frau Waas nicht nur auf das Individuum (Frau Waas), sondern auch auf ihr Aussehen (dick) und ihren Gemütszustand (traurig bzw. froh).

Jims aussagekräftige Hieroglyphen hätten Rousseau in kollegiales Entzücken versetzt. Der Philosoph, der sein Brot mit dem Kopieren von Noten verdiente, hatte nämlich ebenfalls ein Zeichensystem erfunden, eine revolutionäre Notenschrift, die jede Form von Musik in Ziffernfolgen umsetzte – und sich kinderleicht kopieren ließ.[7]

Die Zahlennotierung hatte nur einen Nachteil: Kein Musiker war in der Lage, danach vom Blatt zu spielen.

*

Etwas mehr Erfolg war Gottlob Frege vergönnt, der in seiner »Begriffsschrift« von 1879 eine »der arithmetischen nachgebildete Formelsprache des reinen Denkens« entwickelte. Frege hoffte: »Wenn es eine Aufgabe der Philosophie ist, die Herrschaft des Wortes über den menschlichen Geist zu brechen, indem sie die Täuschungen aufdeckt, die durch den Sprachgebrauch über die Beziehungen der Begriffe fast unvermeidlich entstehen, indem sie den Gedanken von demjenigen befreit, womit ihn allein die Beschaffenheit des sprachlichen Ausdrucksmittels behaftet, so wird meine Begriffsschrift, für diese Zwecke weiter ausgebildet, den Philosophen ein brauchbares Werkzeug werden können.«[8]

Tatsächlich begründete Freges Buch die moderne Logik, doch seine Satzschemata sind von labyrinthischer Unübersichtlichkeit. Heute verwendet man andere Schreibweisen.

Rousseaus Notenschrift erwies sich als nicht praktikabel, und die Beherrschung von Freges »Begriffsschrift« setzte ein Logik-Studium und viel Geduld voraus.

Dagegen besticht Jims Hieroglyphenschrift durch ihre Schlichtheit und die »Logik des Herzens«:

---

[1] Parmenides, Fragment DK 28 B 6
[2] J.-J. Rousseau, Emil oder Über die Erziehung, Paderborn 1971, S. 24
[3] a.a.O., S. 27
[4] a.a.O., S. 71
[5] a.a.O., S. 52
[6] a.a.O., S. 100
[7] ders., Musik und Sprache, Wilhelmshaven 1984, S. 274 ff.
[8] Frege, Begriffsschrift, Hildesheim/New York 1977, XII f.

Lummerland ade!

Nach der schicksalhaften Audienz bei Alfons dem Viertel-vor-Zwölften verläßt Lukas der Lokomotivführer »mit gesenktem Kopf« das Schloß. Er versorgt die nichtsahnende Emma mit einem Tropfen Öl und setzt sich dann, in trübe Gedanken versunken, an die Landesgrenze.

Lukas befindet sich also in einer *Grenzsituation*. Das sind nach Karl Jaspers »Situationen, über die wir nicht hinauskönnen, die wir nicht ändern können«, wie z.B. Alter, Krankheit, Schuld oder – ein Abschied für immer. Solange er zurückdenken kann, ist Lukas der Lokomotivführer mit seiner Emma über die Insel gerollt, rein in die fünf Tunnels, raus aus den fünf Tunnels, immer auf den altvertrauten Gleisen. Emma, der Bahnhof, die Freundschaft mit Jim Knopf – all das soll plötzlich Vergangenheit sein. Lukas dem Lokomotivführer offenbart sich die »Unverläßlichkeit allen Weltseins«.

»Aber in der Unverläßlichkeit allen Weltseins ist der Zeiger aufgerichtet«, tröstet Jaspers. »Er verbietet, in der Welt Genüge zu finden; er weist auf ein anderes.«[1]

Auch Lukas der Lokomotivführer bekommt einen solchen Wink mit dem Zaunpfahl:

»Die untergehende Sonne spiegelte sich im endlosen Ozean und baute mit ihrem Licht eine goldene, glitzernde Straße vom Horizont bis vor die Füße des Lokomotivführers Lukas.« Die Straße aus Licht verbietet es Lukas, in Lummerland Genüge zu finden. Sie weist ihm den Weg in die Ferne, in ein Leben jenseits des Horizonts, auch jenseits seines Horizonts.

Jim Knopf fällt der Abschied von Lummerland noch schwerer als Lukas dem Lokomotivführer. Er »mußte plötzlich daran denken, daß er den Pullover, an dem Frau Waas da arbeitete, niemals tragen würde«, und »als er das überlegt hatte, wurde ihm so furchtbar wehmütig ums Herz, daß er am liebsten geweint hätte ...«

»Niemals« ist ein schrecklich großes Wort für einen kleinen Philosophen. Jim erkennt in diesem »niemals«, daß sein Leben eines Tages zu Ende sein wird und daß er sich, so wie er sich jetzt von dem Strickpullover trennt, eines Tages auch von Lukas, von der Welt, ja vielleicht sogar von sich selbst trennen muß. Für seinen unbeschränkten Lebenswillen – und den hat er als richtiger Junge natürlich – ist »die Unausweichlichkeit des Todes Grund ratloser Verzweiflung«.[2] Jim hat schwer mit diesem Gedanken zu kämpfen, »beinahe zu schwer für jemanden, der erst ein halber Untertan« ist.

Aber er ist nicht der Typ, der lange Trübsal bläst. »Traurig?« fragt Lukas ihn. Und Jim fährt sich mit dem Handrücken über die Augen und lächelt tapfer: »Is' schon vorbei.«

Kurz darauf segeln die beiden »hinaus auf das mondbeglänzte Meer«.

*

Dieses Meer ist mehr als nur Meer. Für Emma ist es eine unermeßlich große Badewanne. Für Lukas den Lokomotivsegler ist es der Weg zu neuen Horizonten. Für Jim und Ernst Bloch aber ist es der utopische Raum schlechthin. Das Schiff, von dem so viele Jungen träumen, »bezeichnet den Willen zur Ausreise, den Traum von fahrender Rache und exotischem Sieg«[3]. Jim, Lukas und Emma sind die modernen Argonauten (oder richtiger: *Emma*nauten), auf der Suche nach dem goldenen Vlies, das man auch »Glück« nennt.

So ist der Abschied von der Heimat bitter, solange man der Vergangenheit nachtrauert, aber süß und hoffnungsvoll, sobald man zuversichtlich nach vorn blickt. Deshalb gibt Lukas Jim den guten Rat: »Am besten, wir schauen nicht länger zurück.«

Und Ernst Bloch kommentiert, an seiner Pfeife nuckelnd: »Der Wille zerbricht das Haus, worin er sich langweilt und worin das Beste verboten ist. So baut er in der endlosen Geschichte sein Bergschloß an den Wolken oder die Ritterburg als Schiff.«[4]

Auch Lukas stopft seine Pfeife, zündet sie an und stößt ein paar Rauchkringel aus. Jim und er unterhalten sich vergnügt. Und Emma – zwar keine »Ritterburg als Schiff«, aber immerhin eine kalfaterte Lokomotive – dümpelt stolz ins nächste Kapitel.

*

Dort passiert nicht besonders viel – vierundzwanzig Tage lang. Und vierundzwanzig Tage können *sehr* lang sein, wenn das gesamte Unterhaltungsprogramm von ein paar fliegenden Fischen bestritten wird. Als die Langeweile unerträglich wird, zaubert Lukas ein paar Gesellschaftsspiele aus der Mütze, darunter auch ein »Mensch-ärgere-dich-nicht«.

Dieses Spiel taugt nicht nur zum Totschlagen von Zeit, es trainiert den Choleriker auch darin, Mißgeschicke mit Gleichmut zu ertragen und Wutausbrüche zu unterdrücken. Letzteres war – 2000 Jahre vor Valium – ein Hauptanliegen der antiken Philosophie. Der alte Römer Seneca hat z.B. ein dickes Buch »Über

den Zorn« geschrieben. Wie alle Stoiker ist Seneca ein Feind von unkontrollierten Leidenschaften und ein Apostel der Vernunft. Wenn der Mensch sich vom Zorn hinreißen läßt, handelt er oft ungerecht und voreilig, so daß er sich selbst und anderen schadet. Gerade dann, wenn man vor Ärger aus der Haut fahren möchte, sollte man auf seinen Verstand hören. »Der Weise«, predigt Seneca, »sei ausgeglichen, und wenn er einmal hart durchgreifen muß, wende er nicht Zorn an, sondern Kraft.«[5]

Werfen wir einen Blick voraus: Als die Bonzen von Mandala Lukas und Jim nicht zum Kaiser vorlassen wollen und ihnen gar mit dem Kerker drohen, ist Lukas nahe daran, die Geduld zu verlieren. Aber als Stoiker reagiert er auch in dieser Situation mit Gelassenheit und »gefährlicher Ruhe«. Er greift sich den Oberbonzen, Herrn Pi Pa Po, und plaziert ihn »mit dem Kopf zuunterst in einen Papierkorb«. Und zwar, »ohne dabei die Pfeife aus dem Mund zu nehmen« – ein Zeichen von fast übermenschlicher Selbstbeherrschung. Die beiden anderen Bonzen packt er am Kragen, hält sie am steifen Arm aus dem Fenster und knurrt, die Pfeife zwischen den Zähnen: »Na, wie gefällt euch das?« Nicht einmal jetzt, da die drei Bonzen schreien und jammern, hebt er die Stimme. »So blickt das riesige Tier gleichgültig auf das Gekläff der Hunde ...«[6]

Lukas beweist hier ebensoviel philosophische Unerschütterlichkeit wie lokomotivführerhafte Stärke. Doch woher nimmt er seine Ruhe? Wann hat er im friedlichen, harmonischen Lummerland jemals üben können, seinen Zorn im Zaume zu halten? Die Antwort liegt auf dem Dach von Emmas Führerhaus: »Mensch-ärgere-dich-nicht!«

Wer kennt nicht das Gefühl, wenn das letzte »Männchen« zum x-tenmal dicht vor dem »Hafen« steht – und *wieder* von einem hämisch grinsenden Mitspieler rausgeworfen wird! Der Nicht-Stoiker fegt dann im Jähzorn die Figuren vom Spielbrett, das Spielbrett vom Tisch, und sein Äußeres spiegelt den Affektsturm in seiner Brust wieder: »Es brennen und flackern die Augen, das Gesicht läuft puterrot an, die Lippen beben, es sträuben sich die Haare, er stöhnt und brüllt unverständliches Zeug, er schlägt die Hände zusammen und stampft mit dem Fuß auf den Boden.«[7]

Der Stoiker lächelt. Er sagt sich, daß »Mensch-ärgere-dich-nicht« – wie so vieles im Leben – nur ein Spiel ist. Er hat gelernt, das Wesentliche vom Unwesentlichen zu unterscheiden. Das Wesentliche aber ist das Sittlichgute:

So himmelhoch, wie der Kaiser von Mandala über seinen intriganten Bonzen thront, so himmelhoch steht das ewige Sittlichgute über den kleinen Freuden und Scherereien des Alltags. Doch oft vereitelt ein praktisches Problem alle Anstrengungen der Philosophie: So wie die eigentlich machtlosen Bonzen Jim und Lukas schikanieren und vom mächtigen Kaiser fernhalten wollen, so versuchen auch die eigentlich wertlosen, gleichgültigen Dinge immer wieder, sich in den Vordergrund zu drängen, uns aufzuregen und vom Sittlichguten abzulenken. Es kommt also für den Menschen darauf an, mit der Vernunft (Lukas) die Leidenschaften (Bonzen) in Schach zu halten, bis das Herz (Ping-Pong) den Weg zum Sittlichguten (Kaiser) gefunden hat.

Wie aber sieht das Sittlichgute konkret aus? Lukas demonstriert es uns: Als er frei ist, zündet er sich als erstes die Pfeife wieder an, dann sagt er: »Komm, Jim!« Und gemeinsam begrüßen sie – per Handschlag und mit dem gebührenden Respekt – den Kaiser von Mandala.

---

[1] K. Jaspers, Einführung in die Philosophie, München/Zürich 1971; S.18 f.
[2] ders., Philosophie II, Existenzerhellung, Berlin/Heidelberg/New York 1973, S. 224
[3] Ernst Bloch, Das Prinzip Hoffnung, Frankfurt 1973, S.26
[4] a.a.O.
[5] Seneca, De ira, II 17,2
[6] a.a.O., III 25,3
[7] a.a.O., I 1,4

Mandala

Aber zurück zu jenem Morgen, an dem Emma, Lukas und Jim auf den Strand von Mandala getrieben werden. Jim ist als erster wach und vergißt vor lauter Staunen, den Mund zuzumachen. Vor seinen Augen erstreckt sich eine Küste voller Wunder: Bäume, die durchsichtig sind wie ein Aquarium, Vögel, die wie Gold und Edelsteine funkeln, und am Horizont erhebt sich ein rotweißes Gebirge, das aussieht »wie eine wunderschöne Zierleiste aus dem Schulheft eines Riesenkindes«. Selbst Lukas dem Lokomotivführer entfährt ein (gänzlich unstoisches) »Donnerwetter!«

Vor lauter Augen-Machen merken die beiden nicht, was *in ihren Köpfen* vorgeht. Unwillkürlich vergleichen sie das Unbekannte, das sie vor sich sehen, mit vertrauten Dingen aus ihrer Erinnerung. Die Bäume lassen Jim an Wasser denken, die Vögel an Juwelen, das Gebirge an ein Schreibheft. Er assoziiert das Neue, um es in seinem Kopf einordnen zu können, mit etwas Ähnlichem, das er schon kennt.

Der erste Philosoph, der dieses Phänomen gründlich unter die Lupe genommen hat, war der Schotte David Hume. Er unterschied drei Formen von Assoziationen[1]:

Die erste beruht auf Ähnlichkeit *(resemblance)*. Jim hat sie uns gerade eben vorgeführt.

Die zweite geht auf die Berührung in Zeit oder Raum (*contiguity in time or place*) zurück. Nehmen wir zum Beispiel die Nacht der Abreise: Jim »schlüpfte in seine Kleider und wollte aus dem Fenster klettern«. Er ist im Begriff, sich räumlich (und bestimmt für sehr lange

Zeit) von Lummerland zu trennen. »Da fiel ihm der Brief ein.«

Die dritte beruht auf dem Prinzip von Ursache und Wirkung (*cause and effect*). Als Jim noch zu Hause im Bett liegt, hört er, wie in der Küche die Stricknadeln klappern. Unwillkürlich kommen ihm die Ursache des Klapperns (Frau Waas) und die Wirkung (der halbfertige Pullover) in den Sinn.

Wenn wir nicht assoziieren könnten, würden unsere Eindrücke zusammenhanglos durcheinanderpurzeln, in unserem Kopf würde es aussehen wie im »Spiegelkabinett der Fata Morgana«, kurz: Das Ganze wäre ein einziges Kuddelmuddel.

Allerdings haben Assoziationen auch ihre Tücken, zum Beispiel beim Essen. Jim und Lukas der Lokomotivführer wären in Mandala fast verschmachtet, weil sie bei der Vorstellung von »gezuckerten Regenwürmern in saurer Sahne«, »Ameisenklößchen auf köstlichem Schneckenschleim« oder »Froschlaichpudding« immer nur »Igittigitt!« assoziieren. Den kleinen Ping Pong dagegen schüttelt es, sobald er an Käse – für ihn »verschimmelte Milch« – denkt. Assoziationen ordnen also nicht nur unsere Gedanken, sie bestimmen auch unsere Empfindungen, und es ist so gut wie unmöglich, einmal verfestigte Assoziationen wieder aufzulösen.

*

Philosophisch womöglich noch interessanter und folgenreicher ist das, was man die »Humesche Assoziationsfalle« nennen könnte. Jim und Lukas tappen arglos hinein, als sie beim Kaiser von Mandala klingeln. Eine Klappe in der Tür geht auf, und »ein dicker gelber

Kopf« grinst die beiden an. Unwillkürlich denken sie: »Natürlich gehörte zu diesem Kopf ein ebenso dicker Körper, aber den konnte man nicht sehen, weil er hinter der Tür verborgen blieb.«

Die beiden haben in ihrem Leben schon eine Menge Menschen gesehen:

1) sich selbst (im Spiegel)

2) einander

3) die übrigen Lummerländer und den Briefträger

4) »ungeheuer viele« Mandalanier mit ihren Kindern und Kindeskindern.

Und weil bei all diesen Menschen der Kopf auf einem dazu passenden Körper saß, schließen Lukas und Jim, daß auch der dicke gelbe Kopf des Türhüters einen Körper haben müsse, vermutlich einen dicken gelben. Aber das ist keineswegs selbstverständlich oder natürlich – schon gar nicht in einem Land, wo durchsichtige Bäume wachsen und die kleinsten Kindeskinder »die Größe einer Erbse« haben. Der dicke, gelbe Kopf könnte schließlich auch eine Halluzination sein. Oder ein sprachbegabter Kürbis. Oder sonstwas.

Hume hat denselben Gedanken etwas komplizierter ausgedrückt: »Wenn sich uns ein Gegenstand oder Ereignis in der Natur darbietet, so ist es uns ohne Erfahrung unmöglich, mit noch so eindringlichem Scharfsinn zu entdecken, ja auch nur zu erdenken, was für ein Ereignis aus ihm folgen wird, oder mit unserer Voraussicht über den Gegenstand hinauszugelangen, der unmittelbar dem Gedächtnis oder den Sinnen vorliegt.«[2]

Assoziationen können uns noch so gesichert vorkommen, sie bleiben Vermutungen. Der Schluß von einer Wirkung auf eine Ursache – oder umgekehrt – ist niemals zwingend. Denn erstens kommt es anders, und zweitens als man denkt – eine Erfahrung, die Jim Knopf und Lukas der Lokomotivführer auf ihrer Reise noch oft machen werden.

*

Lukas denkt bei dem Namen »Mandala« nur an Porzellanbrücken und Silberglöckchen. Also ist zu vermuten, daß er sich niemals mit indischer Philosophie befaßt hat. Mandala ist nämlich nicht nur ein Märchenland, sondern auch ein Symbol des Buddhismus, ein »magischer Kreis«: In drei konzentrische Ringe ist ein viereckiges Gebäude eingezeichnet. Dieses Gebäude ist der

Götterpalast, die »heilige Stadt«, das innerste Sein des Menschen, das von Freud und Leid der Sinnenwelt nicht berührt wird. Die drei Ringe – Feuerring, Diamantenring, Lotosring –, die den Götterpalast nach außen hin abschirmen, versinnbildlichen Bewußtsein, Erleuchtung und Wiedergeburt. Indem er sein Mandala meditierend betrachtet, versucht der Buddhist, aus der Welt der Sinne durch die drei läuternden Kreise in den Brennpunkt des Seins zu kommen.

*

Etwas Ähnliches wie das buddhistische Mandala entdecken Jim und Lukas in den Straßen von Ping. Dort sind Elfenbeinschnitzer am Werk. Die schneiden ein filigranes Gitterwerk in eine große Elfenbeinkugel, und durch die Löcher in diesem Gitter schnitzen sie »mit winzigen Messerchen und Meißelchen« im Innern der Kugel – eine zweite Kugel, die sich in der äußeren drehen läßt. Im Innern dieser zweiten Kugel fabrizieren sie mit unglaublicher Geschicklichkeit und Ausdauer – eine dritte Kugel, und so weiter. »Manche von diesen Elfenbeinschnitzern waren schon über hundert Jahre alt, und sie hatten in ihrem ganzen Leben nur ein einziges Stück geschnitzt ... Ihr ganzes Leben war nun auf den ineinandersteckenden Kugeln zu sehen.« Eine solche Elfenbeinkugel ist ungeheuer wertvoll – so wertvoll, daß man sie nur verschenken kann. Dabei ist ihr eigentlicher Schatz, die kleinste Kugel im Kern mit den Bildern einer hundertjährigen Weisheit, durch das vielschichtige Gitterwerk kaum noch zu erkennen. Nur der Meister selbst weiß, wie es im Herzen der Elfenbeinsphäre aussieht.

Jim und Lukas bewundern die Kunstfertigkeit der Schnitzer, aber zweifellos mit einem gewissen Schauder. Die Welt des Elfenbeins ist nicht die Welt der Lokomotive. Die beiden sind mit Emma in die Welt *hinausgefahren*, um ihr Glück zu finden, wie immer es aussehen mag. Ein typisches Verhalten für lummerländische Lokomotivführer und ihre Freunde. Die Filigranschnitzer von Mandala aber, und die Anhänger Buddhas, *reisen nach innen*, weg von der Welt, in den Götterpalast des magischen Kreises, wo das zeitlose, raumlose, ichlose Sein residiert, oder in das unendliche Innere der Elfenbeinkugel.

---

[1] D. Hume, Eine Untersuchung über den menschlichen Verstand III
[2] a.a.O., VII, 2

Ping Pong

Die Einwohner von Mandala lassen sich leidenschaftlich gern die Haare zählen, denn sie möchten haargenau wissen, wieviele sie noch auf dem Kopf haben. Auch die Zahl der Bücher in der kaiserlichen Bibliothek ist genau bekannt: 7 389 502. Und schon im Alter von drei Jahren lösen die Kinder und Kindeskinder »die schwersten Rechenaufgaben«.

Offenbar sind alle Mandalanier mathematische Genies und von Zahlen besessen. Ping Pong, der winzigkleine Freund von Jim und Lukas, bildet da keine Ausnahme. Er ist, wie er ihnen stolz mitteilt, »genau 368 Tage alt«, hat aber schon »vier Zähne«. 368 Tage und 4 Zähne – das riecht nach Zahlenmystik. Welche Verbindung besteht zwischen Ping Pongs Alter und seinem zahnärztlichen Befund?

Wir teilen die Tage durch die Zähne und erhalten 92, eine bedeutungsschwangere Zahl! Sie ist das Produkt aus 1 x 23 x 4, und uns geht ein Lampion auf: Es gibt 1 Jim Knopf, 23 Tage waren Jim und Lukas auf See, und der Name »Li Si« hat 4 Buchstaben!

Das kann kein Zufall sein. Zumal schon der alte Pythagoras festgestellt hat, daß die ganze Welt aus den ersten vier natürlichen Zahlen aufgebaut ist. 1, 2, 3 und 4 – die sogenannte Tetraktýs oder »Vierheit« – ergeben addiert die heilige Zahl 10. Wenn man die Zahlen der Tetraktýs zueinander in Beziehung setzt, erhält man die Hauptintervalle der griechischen Musik. So wie die Tetraktýs die musikalischen Harmonien bildet, so beherrscht sie auch die Harmonie des Kosmos. Die

Welt der Pythagoreer besteht aus den vier Grundzahlen und ihren Kombinationen.

Das Kaiserreich von Mandala scheint in dieser Zahlenwelt zu liegen. Ping Pong z.B. ist das 32. Kindeskind des Oberhofkochs. 32 aber ist $1 \times 2^3 \times 4$! Als er zum Kaiser rennt, rutscht er die letzten zwanzig Meter zum Thron. $1 \times (2 + 3) \times 4 = 20$! Man zählt 21 Blüten der Gelehrsamkeit: $1 + [(2 + 3) \times 4] = 21$! Die Anzahl der Bücher in der Bibliothek des Kaisers hat 7 Stellen: $1^2 \times (3 + 4) = 7$! Nur die Ziffernfolge 7 389 502 sträubt sich gegen alle Erklärungsversuche – bis man das untersucht, was ihr fehlt: Sie enthält nämlich die zehn Grundzahlen, bis auf die 1, die 6 ($= 2 \times 3$) und die 4! Mandala ist durch und durch pythagoreisch, ein Staat der vollendeten Harmonie.

Auch die Überfahrt von Jim und Lukas steht unter einem pythagoreischen Stern: 1 Lokomotive mit 2 Lokomotivführern sticht in See. Und wann landen sie? Natürlich »am dritten Tag der vierten Woche«!

Und wie sieht es mit Lummerland aus? Die Heimat unserer Helden ist 1 Insel mit 2 Bergen, das Staatswesen besteht, wie wir gesehen haben, aus 3 Bürgern, und es gibt 4 Häuser (wenn wir das Schloß mitzählen). 1,2,3,4 – da haben wir sie wieder, die magische Tetraktýs!

Doch was ist mit den fünf Tunnels? Nun, Tunnels sind Löcher in einem Berg, und Löcher sind eigentlich – Nichts. Ein Tunnel entspricht, wenn wir es mathematisch ausdrücken, der Null, und bekanntlich sind $5 \times 0 = 0$.

Vergessen wir also die Tunnels, überprüfen wir lieber König Alfons und das seltsame Namensanhängsel »der Viertel-vor-Zwölfte«. Wenn es Viertel vor zwölf ist, dann konvergiert der Stundenzeiger der Uhr gegen 12, und der Minutenzeiger hat seine Runde zu 3/4 vollendet! 1,2,3,4 – wieder ein Rätsel gelöst.

Jetzt erklärt sich auch die spontane Sympathie zwischen Ping Pong und Jim, zwischen Lukas und dem Kaiser: Die Bewohner von Mandala und die Besucher aus Lummerland kommen prima miteinander aus (von Bonzen und dicken gelben Köpfen einmal abgesehen), weil die beiden Länder, wie zwei Instrumente, gleich gestimmt sind. Silberglöckchen und Dampfpfeife treffen sich zu einem völkerverbindenden Duett.

Die Blüten der Gelehrsamkeit

Jim kann weder lesen noch schreiben. Auch Lukas ist kein Bücherwurm. Damit befinden die beiden sich in bester Gesellschaft. Sokrates nämlich war ein erklärter Feind der Buchstaben: »Wer da meint, in schriftlicher Aufzeichnung eine Kunstanweisung zu hinterlassen und andererseits, wer solche annimmt im Glauben, es könne etwas Deutliches und Sicheres aus schriftlichen Aufzeichnungen entnommen werden, dürfte mit großer Einfalt behaftet sein.«[1] Angelesenes Wissen ist laut Sokrates immer nur Scheinwissen, und der Büchergelehrte bildet sich zwar ein, etwas von der Sache zu verstehen, hat aber in Wirklichkeit keine Ahnung.

Diese Auffassung wird eindrucksvoll bestätigt, als Jim und Lukas die »Blüten der Gelehrsamkeit« kennenlernen. Mandala ist reich an Büchern. Allein die kaiserliche Bibliothek umfaßt, wie schon erwähnt, 7 389 502 Bände. Die einundzwanzig gelehrtesten Männer des Landes – eben die »Blüten der Gelehrsamkeit« – wissen genau, was in jedem dieser Bücher steht, sogar, »warum das Rote Meer rot ist«. Vom vielen Studieren und Herumhocken in der Bibliothek haben einige »große, abgeplattete Hinterteile«, andere »riesige Stirnen« bekommen. Wieder andere, die oft Bücher aus den obersten Regalen ziehen, sind lang und dürr geworden »wie Besenstiele«. Im Vergleich zu Jim und Lukas sind sie allesamt ziemlich häßliche Vögel. Aber schrecklich gelehrt.

Nur stellt es sich bald heraus, daß sie die wirklich wichtigen Fragen nicht beantworten können. Wer »die 13« waren, »das wußte niemand. Nicht einmal die ›Blüten der Gelehrsamkeit‹«. Wo die Drachenstadt liegt, wissen sie genausowenig. Auch nicht, wo der Gelbe Fluß entspringt. Und ganz happig kommt es, als Jim die Frage stellt: »Wie sehen Drachen eigentlich aus?«

Da nämlich blamiert sich der Kaiserliche Hofprofessor für Zoologie bis auf die Knochen: Er muß »leider zugeben, daß die Wissenschaft noch sehr im dunkeln tappt. Alle Beschreibungen, die ich finden konnte, sind außerordentlich ungenau und widersprechen sich ganz haarsträubend. Hier sehen Sie einige Abbildungen, aber wie weit sie richtig sind, kann ich leider nicht beurteilen.« Ein typischer Bücherwurm, kann man da nur sagen. Oder vielmehr *kein* typischer Bücherwurm. Der typische Bücherwurm würde nämlich die gemalten Drachen für die einzig wirklichen Drachen halten. Er käme gar nicht auf die Idee, daß jenseits der Bücherwände seiner Bibliothek noch eine Realität existiert.

Wie dem auch sei, die »Blüten der Gelehrsamkeit« haben Jim und Lukas nicht viel weitergebracht.

*

Dafür haben sie den beiden und auch uns klargemacht, wie man es nicht machen darf. Wissen aus Büchern ist Wissen aus zweiter Hand, und Wissen aus zweiter Hand ist kein Wissen. Trotzdem sind Bücher sehr beliebt in der Philosophenzunft. Aristoteles z.B. soll 445 270 Zeilen geschrieben haben.[2] Und *über* ihn ist bestimmt das Hundert- oder Tausendfache geschrieben worden. In der mittelalterlichen Philosophie, der »Scholastik«, wurde die Büchergläubigkeit auf die Spitze getrieben. Man meinte, ganz auf eigene Erfahrungen verzichten zu können. Wenn man ein Problem hatte, schlug man in der Bibel, bei den Kirchenvätern und bei Aristoteles nach, um alle Argumente zu sammeln. Diese teilte man dann auf in Argumente dafür (lateinisch: sic) und Argumente dagegen (lateinisch: non). Und wenn man die Stimmen der Autoritäten abgewogen hatte, entschied man sich für eine der beiden Seiten.

Diese Methode des »sic et non« setzte eine außerordentliche Gelehrsamkeit voraus, aber aus Mangel an eigener Erfahrung und aus Angst vor selbständigem Denken verzapften die Scholastiker in ihren Büchern häufig haarsträubenden Unsinn.

Nun soll man nicht glauben, die Scholastik sei mit dem Mittelalter ausgestorben. Scholastik ist keine historische Epoche, sondern ein Geisteszustand. Jeder Duckmäuser, der Bücherwissen nur ansammelt, um es in neuen Büchern zu verwursten, ist ein Scholastiker.

Zum Glück finden sich immer wieder Menschen, die gegen die Tyrannei des Buches ankämpfen und die Zwangsjacke der toten Tradition sprengen. Francis Bacon erkannte die Bedeutung des naturwissenschaftlichen Experiments. Descartes schrieb: »daß die Wissenschaften, die in Büchern niedergelegt sind, ... sich nur nach und nach aus den Meinungen verschiedener Personen aufgebaut und vermehrt haben und daher der Wahrheit nicht so nahe kommen wie die einfachen Erwägungen, die ein Mann von gesundem Verstand ganz natürlich über Dinge anstellen kann, die vor ihm liegen«.[3] Kant forderte: »Habe Mut, dich deines eigenen Verstandes zu bedienen!« Und Edmund Husserl rief seine Studenten auf: »Zu den Sachen selbst!«

Zu den Sachen selbst – d.h. in diesem Fall: zu den Drachen selbst – fahren nun auch Jim und Lukas. Und das nicht nur, um Prinzessin Li Si zu befreien, sondern auch, um bei Frau Mahlzahn »das Geheimnis von Jim

Knopf zu erforschen«, also aus echtem Erkenntnisdrang.

Auf dem Weg nach Kummerland erhebt sich ein mächtiges Hindernis, das rot-weiß gestreifte Gebirge »Die Krone der Welt«. Der Oberhofgeograph von Mandala hatte festgestellt: »Leider ist es absolut unübersteigbar.« Und diesmal hat die Scholastik ausnahmsweise recht gehabt. Hinter der »Krone der Welt« liegt nämlich »das Ende der Welt«, »gänzlich unerforschtes Gebiet«, also genau das, was der Philosoph »die Transzendenz« nennt.

Was die Transzendenz ist, das weiß niemand, denn die Transzendenz kann keiner je erreichen, von anfassen oder fotografieren ganz zu schweigen. Die Transzendenz liegt jenseits jeder Vorstellungskraft. Die Theologen behaupten zwar, Gott lebe dort, sind den Beweis aber bis heute schuldig geblieben. Einige Philosophen, wie z.B. George Berkeley, erklären dreist die gesamte Außenwelt zur Transzendenz, weil unser Bewußtsein niemals seine eigenen Grenzen überschreiten könne. Das läßt sich nicht ganz von der Hand weisen. Denn wenn Jim in der Wüste große Eisberge sieht, dann weiß er damit noch lange nicht, daß diese Eisberge tatsächlich über den Horizont treiben. Er weiß nur, daß er sie sieht. Unsere Welt, das ist die Welt, die wir im Kopf haben.

*

Einen Weg in die Transzendenz gibt es aber doch, wie es ja auch *einen* Weg durch das rot-weiß gestreifte Gebirge gibt! Was für Jim, Lukas und die arme Emma das unheimliche »Tal der Dämmerung« mit seinem mörderischen Echo ist, das ist für den Philosophen der Pfad der Mystik. Das griechische Wort »mýein«, von dem die Mystik ihren Namen hat, bedeutet: »Augen und Lippen schließen«. Der Mystiker diskutiert also nicht mit anderen Mystikern über die Transzendenz, sondern er bleibt für sich und wendet seinen Blick nach innen. Er reinigt Körper und Seele durch Fasten und Beten. Mit Hilfe von wilden Tänzen oder bewußtseinserweiternden Drogen versetzt er sich in Ekstase, einen Zustand, in dem das Ich-Bewußtsein sich auflöst. Schließlich verschmilzt er in der »mystischen Vereinigung« mit dem Göttlichen. Die Grenze zwischen Hier und Jenseits ist verschwunden. Das unbeschreibliche Erlebnis der »unio mystica« wird von den Heiligen aller Religionen umschrieben. Der Mathematiker und Mystiker Blaise Pascal z.B. notierte am Tag seiner Erleuchtung: »Seit ungefähr abends zehneinhalb bis ungefähr eine halbe Stunde nach Mitternacht – Feuer – ›Gott Abrahams, Gott Isaaks, Gott Jakobs‹, nicht der Philosophen und Gelehrten. Gewißheit, Gewißheit, Empfinden: Freude, Friede.«[4]

Doch mystische Texte sind keine zuverlässigen Reiseführer. Jeder Mensch muß *seinen* Pfad selbst finden. Und viele kommen nie ans Ziel.

Auch Jim, Lukas und Emma scheitern um ein Haar im »Tal der Dämmerung«. Der Grund dafür ist, daß die Mystik dem lokomotivführerhaften Denken immer fremd gewesen ist. Und so machen unsere beiden Helden natürlich alles falsch. Statt ihre Augen und Lippen zu schließen, verstopfen sie ihre Ohren! Lukas fordert Jim sogar ausdrücklich auf: »Vergiß nicht, den Mund *auf*zumachen!« Und mitten im Tal dreht Lukas sich um und erfaßt »mit einem Blick das drohende Verhängnis«. Nur der guten alten Emma und ihrem kleinen roten Nothebel haben sie es zu verdanken, daß sie mit dem Leben davonkommen. Dabei ist die oberste Grundregel der Mystik doch wahrlich nicht schwer zu behalten: »Augen zu und durch!«

---

1 Platon, Phaidros, 275a
2 Diogenes Laertios, V, 28
3 Descartes, Abhandlung von der Methode, II, 14
4 Pascal, Memorial, zitiert nach: Pascal, Frankfurt/Hamburg 1954, S.122

»Das Ende der Welt«

Emma hat Jim und Lukas gerettet, aber dabei ist ihr Taktierkolben gebrochen. Was das ist? Ein kleiner Stahlkolben, nicht größer als Jims Daumen, aber dies Teil stellt in gewisser Weise das Herz einer Dampflokomotive dar, denn es »gibt den Takt an, in dem Emma schnauft«. Und wenn der Taktierkolben gebrochen ist, bedeutet das: Emma ist klinisch tot.

Um sie zu retten, muß Lukas eine Notoperation vornehmen, und das mitten in der Nacht. Er muß Emma »in ihre Teile« zerlegen, um an den gebrochenen Kolben heranzukommen. Eine gewagtes Unterfangen. Aber ihm bleibt nichts anderes übrig.

Um keinen Fehler zu begehen, hält er sich strikt an die »Abhandlung über die Methode« von Descartes. Dessen vier Regeln für ein rationales Philosophieren[1] bewähren sich auch bei der Reparatur einer Dampflokomotive:

1) Man darf nur das als wahr akzeptieren, was man »klar und deutlich« erkannt hat. – Aus diesem Grunde steht Jim daneben und leuchtet mit der Taschenlampe.

2) Alle Probleme müssen in hinreichend einfache Teilprobleme zerlegt werden. – Deshalb nimmt Lukas Emma »Stück für Stück« auseinander.

3) Man muß von einfachen Gedanken wie auf einer Stufenleiter zu immer komplexeren Problemen aufsteigen. – Nach diesem Prinzip setzt Lukas seine Emma wieder zusammen.

4) Man muß stets alles, was zum Problem gehört, bedenken und muß sicher gehen, daß man keinen Aspekt übersehen hat. – Wären am Ende der Repara-

tur noch Schrauben übrig geblieben, hätte Emma bestimmt ihren letzten Schnaufer getan.

*

Doch obwohl Lukas ganz methodisch vorgeht, verläuft die Operation nicht ohne Komplikationen. Die letzte Schraube scheint festgerostet zu sein. Man müßte *im* Wasserkessel arbeiten, um sie zu lösen. Lukas aber ist einfach zu dick, um in den Tank zu kriechen. Ein Glück, daß er Jim hat!

Der Junge zwängt sich durch die enge Öffnung in den stockfinsteren Kessel hinab, um unter Wasser die entscheidende Schraube loszudrehen. Und tatsächlich, er schafft es. Lukas hört sie fallen. Jetzt müßte Jim rasch herauskommen, doch er taucht und taucht nicht wieder auf, so daß Lukas – ganz gegen seine Gewohnheit – die Nerven verliert und verzweifelt Jims Namen schreit. »Endlich erschien das kleine, schwarze Gesicht, tropfnaß und nach Luft ringend«, und Lukas zieht seinen kleinen Freund heraus. »›Jim!‹ sagte er immer wieder. ›Mein alter Jim!‹«

Mein *alter* Jim? So lange war er doch nicht im Kessel, daß er sichtlich gealtert sein könnte. Seltsam. Und etwas später sagt Lukas liebevoll: »Großer, kleiner Jim!« Noch seltsamer. Wie kann jemand groß und klein zugleich sein? Das widerspricht eindeutig dem »Satz vom Widerspruch«. Wenn wir »klein« als »nicht groß« definieren, dann stellt Lukas die Behauptung auf: Jim ist groß und zugleich nicht groß.

Hat Lukas vor Aufregung den Verstand verloren? Ist nun auch bei ihm eine Schraube locker? Keine Panik! Lukas ist nicht durchgedreht. Er hat nur instinktiv begriffen, daß in Jim soeben eine bedeutsame Veränderung vorgegangen ist.

Jim ist, obwohl er Angst hatte, in den Wasserkessel hinabgestiegen, um dort eine schwierige Aufgabe – «Männerarbeit« – zu erledigen. Er mußte sich zum ersten Mal allein, ohne Lukas' Beistand, einer Herausforderung stellen. Dabei ist er sogar in Lebensgefahr geraten, da er den Ausstieg zunächst nicht wiederfand. Als er schließlich doch auftauchte, war das wie eine dritte Geburt (wenn wir die Lummerländer Paketgeburt als Nr. 2 zählen). Er hat seine Kindheit im Kessel abgelegt, um als junger Mann in die Welt zurückzukehren. Der Lausejunge hat sich in einen Lokomotivführer verwandelt.

Jedes Leben wird von solchen Situationen und Begegnungen geprägt. Philosophen sind nur insofern besondere Menschen, als ihre Wiedergeburt unweigerlich auch eine neue Philosophie zur Welt bringt. Augustinus las nur eine Zeile in der Bibel und wurde Kirchenvater. Schopenhauer erblickte die Galeerensträflinge von Toulon und wurde der Prophet des Pessimismus. Jim Knopf hat im finsteren Wasserkessel ein Schrauben-Schlüsselerlebnis – und wird erwachsen. Was ja auch eine Art von Philosophie ist.

*

Emma ist wieder fahrtüchtig, und so rattern sie mit Volldampf in die Wüste hinein. Als die Sonne höher steigt und die Hitze unerträglich wird, erscheinen nach und nach die seltsamsten Bilder am Horizont: ein Indianerlager samt Lagerfeuer, eine Windmühle auf dem Rücken von zwei Elefanten, ein umgekippter Kirchturm. Lukas brummt: »Da stimmt doch was nicht!« Recht hat er: Jetzt verdoppelt sich auch noch

Emma! Und in der Zwillingslokomotive sitzen die Zwillinge von Jim und Lukas dem Lokomotivführer!

Endlich fällt der Groschen: Sie befinden sich im »Spiegelkabinett der Fata Morgana«. Die heiße Luft gaukelt ihnen eine Scheinwelt vor, die sich wie das Bild in einem Kaleidoskop ständig verändert. Unmöglich, zwischen Phantom und Wirklichkeit zu unterscheiden. Welche von den drei Sonnen am Himmel ist die echte?

Ebenso hilflos wie Jim und Lukas am »Ende der Welt« fühlt sich der Erkenntnistheoretiker in seiner Studierstube, denn früher oder später wird ihm klar: Weil wir unser Wissen über die Welt durch die Sinnesorgane vermittelt bekommen und weil diese Sinnesorgane notorisch unzuverlässig sind, bleibt unser Bild von der Welt immer fragwürdig, immer provisorisch. Frustrierend, wenn man nach Jahrzehnten gedanklicher Schwerstarbeit doch nur mit Sokrates sagen kann: »Ich weiß, daß ich nichts weiß.«

Fast alle Philosophen haben sich mit dem Problem von Schein und Sein herumgeschlagen und versucht, wenigstens *einen* Fels in der Brandung des Zweifels zu entdecken. Vergeblich. Bis heute ist niemand über die drei Gewißheiten des Augustinus – »daß ich existiere, daß ich um meine Existenz weiß und daß ich meine Existenz und mein Wissen liebe«[2] – hinausgekommen,

und diese Aussagen beziehen sich nicht auf die objektive Welt, sondern auf das erkennende Subjekt. Die Erkenntnis, daß »ich existiere«, liefert mir keinen archimedischen Punkt. Dieses »Ich« ist ein denkendes Schwarzes Loch, ein Spiegel, der sich in einem Spiegel spiegelt.

Jim und Lukas suchen stundenlang nach einem Ausweg aus dem »Ende der Welt«. Aber handelt es sich dabei wirklich um eine konkrete Wüste? Denken wir nicht unwillkürlich an einen logischen Zirkel, wenn die beiden entdecken, daß sie mit Emma im Kreise gefahren sind? Ist das Ganze vielleicht eine großangelegte Metapher?

*

Ludwig Wittgenstein verstand seine Philosophie als »Kampf gegen die Verhexung unseres Verstandes durch die Mittel unserer Sprache«[3]. Der traditionelle Philosoph (nehmen wir z.B. Platon oder Descartes) mißbraucht – so Wittgenstein – die Alltagssprache und geht mit seinem Denken in selbstgestellte Fallen. Er kämpft gegen Phantomprobleme, die er sich selbst geschaffen hat, z.B. indem er dasselbe Wort unterschiedlich gebraucht. Ziel des Philosophen sollte es aber sein, »der Fliege den Ausweg aus dem Fliegenglas

[zu] zeigen«[4], d.h. sich selbst aus dem Bann der Phantomprobleme zu befreien.

Ganz ähnlich formuliert es Jim Knopf: »Wir müssen aber doch irgendwie aus dieser schrecklichen Wüste wieder herausfinden!«

Lukas und Jim wissen zwar zunächst noch keinen Ausweg, können aber schon sehr gut mit einzelnen Phantomproblemen fertig werden. Ein traditioneller Philosoph würde bei der Begegnung mit einem Doppelgänger anfangen zu denken: »Ich bin ich, aber der da ist auch ich. Wer von uns beiden ist das wirkliche Ich? Und was ist das Ich eigentlich?«

»Denk nicht, sondern schau!« hat Wittgenstein kategorisch gefordert[5]. Lukas läßt es etwas gemütlicher angehen: »Na, da wollen wir uns die Sache doch mal näher ansehen.« Sie gehen auf die Pseudo-Emma zu, um ihren Doppelgängern die Hand zu schütteln – und die Doppelgänger samt Pseudo-Emma »wurden durchsichtig und verschwanden ... lösten sich einfach auf in nichts«.

Genauso lösen sich bei sprachanalytischer Untersuchung viele der klassischen philosophischen Probleme in heiße Luft auf.

---

[1] Descartes, Abhandlung von der Methode, II 20
[2] Augustinus, Gottesstaat XI 26
[3] Wittgenstein, Philosophische Untersuchungen 109
[4] a.a.O., 309
[5] a.a.O., 66

Herr Tur Tur

Emma hat das Phantom als erste gesehen: Sie stößt »einen gellenden Pfiff aus«, der »wie ein Entsetzensschrei« klingt, und rast wie verrückt davon, bis Lukas eingreift und die Bremse zieht. Jim schaut sich um: »Am Horizont stand ein Riese von so ungeheurer Größe, daß selbst das himmelhohe Gebirge ›Die Krone der Welt‹ neben ihm wie ein Haufen Streichholzschachteln gewirkt hätte.«

Jim fängt an zu stottern und klappert vor Angst mit den Zähnen. Lukas dagegen behält die Ruhe, »er paffte kleine Wölkchen. Dabei beobachtete er den Riesen scharf.«

Keiner von beiden hat je zuvor einen Riesen gesehen. Dennoch besteht zwischen ihren Reaktionen ein Riesenunterschied. Wie kommt es dazu?

»Er will uns wahrscheinlich fangen und einkochen«,

stammelt Jim. »Ich hab' mal von so einem Riesen gehört. Bestimmt, Lukas!«

Vermutlich hat Frau Waas ihrem Jim, als er noch kleiner war, vor dem Einschlafen Grimms Märchen und andere Schauergeschichten erzählt. Seitdem hat er ein Vorurteil gegenüber großgewachsenen Menschen.

Einem Nachwuchs-Denker wie Jim kann man seine Voreingenommenheit schwerlich übelnehmen, denn nach Voltaire »bläst man auf der ganzen Erde den Kindern alle Meinungen ein, die man mag, noch ehe sie urteilen können«.[1] Ein Kind kann sich nicht dagegen wehren, daß es mit Riesenangst geimpft wird oder mit dem Glauben an Klapperstörche, Weihnachtsmänner und Christuskinder.

Dabei muß ein Vorurteil nicht unbedingt schädlich sein. Es ist nur »eine Meinung ohne Urteil«. Es gibt auch sehr nützliche Vorurteile, »und zwar die, die das Urteil gutheißt, wenn man nachdenkt«.[2]

Voltaire unterscheidet:

1. Vorurteile der Sinne: Herr Tur Tur wirkt, aus der Ferne gesehen, riesig; alle anderen Dinge werden mit wachsender Distanz scheinbar kleiner.

2. Physikalische Vorurteile: Die Sonne *geht auf*, als Jim und Lukas zum »Tal der Dämmerung« aufbrechen. Aber in Wirklichkeit bewegt sich natürlich die Erde, nicht die Sonne.

3. Historische Vorurteile: »Aber dann is' Frau Waas ja gar nicht meine richtige Mutter!« ruft Jim aus, als Lukas ihn über seine Paket-Vergangenheit aufklärt.

4. Religiöse Vorurteile: Davon ist Jim Knopf verschont geblieben, denn auf Lummerland herrscht die strikte Aufklärung: Auf der Insel steht nicht eine einzige Kirche.

Auch Lukas hat Vorurteile. Aber er läßt sich nicht von ihnen ins Bockshorn jagen, sondern schaut genauer hin: »Mir scheint, das ist ein ganz harmloser Riese. Er kommt mir sogar sehr nett vor.«

Mutig geht er dem Riesen entgegen. Der wird kleiner und kleiner und kleiner, bis er nur noch so groß wie Lukas ist. »Er war sogar einen halben Kopf kleiner.« Der menschenfressende Gigant ist zu einem schüchternen Männlein im Rentenalter zusammengeschrumpft. Jim schämt sich. »Und im stillen nahm er sich vor, nie wieder vor irgend etwas oder irgendwem Angst zu haben, bevor er ihn oder es nicht aus der Nähe betrachtet hätte.«

Vorurteile müssen nicht unbedingt Angst auslösen. Sie können auch Achtung und Bewunderung wecken. »Aufgrund eines Vorurteils«, schreibt Voltaire, »begegnen Sie einem Menschen mit Respekt, der in bestimmte Gewänder gekleidet ist, gewichtig einhergeht und ebenso spricht. Ihre Eltern haben Ihnen gesagt, daß Sie vor diesem Mann einen Diener machen müssen: Sie begegnen ihm mit Respekt, bevor Sie wissen, ob er Ihren Respekt verdient.«[3]

Ein Prachtexemplar dieser Art von Respektsperson ist der Hauptmann der Palastwache von Mandala. Er trägt eine Uniform und einen gezackten Helm, er marschiert statt zu gehen, und seine Anweisungen bellt oder schnarrt er: »Ich bin hier auf allerhöchsten Befehl und soll Sie beide holen. Ich muß den Befehl ausführen. Gehorchen ist mein Beruf.«

»Meiner nicht«, antwortet Lukas und pafft einige Wölkchen. Die Autorität des Hauptmanns verpufft.

Aber kann man bei diesem Mustersoldaten überhaupt von Autorität sprechen? Der blinde Gehorsam, meint Hans-Georg Gadamer, »liegt ... keineswegs im

Wesen von Autorität. Gewiß kommt Autorität zunächst Personen zu. Die Autorität von Personen hat aber ihren letzten Grund nicht in einem Akt der Unterwerfung und der Abdikation der Vernunft, sondern in einem Akt der Anerkennung und der Erkenntnis – der Erkenntnis nämlich, daß der andere einem an Urteil und Einsicht überlegen ist und daß daher sein Urteil vorgeht, d.h. vor dem eigenen Urteil den Vorrang hat.«[4]

Die echte Autorität hat es nicht nötig, mit dem Säbel zu rasseln (oder mit Wörtern wie »Abdikation« zu klimpern) und andere Menschen einzuschüchtern: Jim sagt: »Ich glaube, es gibt einfach nichts, was du nicht weißt, Lukas.« – «Doch«, antwortet Lukas mit einem Lachen, »es gibt eine ganze Menge Dinge, die ich nicht weiß.«

Menschen mit echter Autorität machen sich gern kleiner, als sie eigentlich sind. Erst wenn man sie näher kennenlernt, zeigen sie ihre wahre Größe. Umgekehrt gibt sich angemaßte Autorität unnahbar, weil sie nur aus der Distanz Furcht einflößt. Womit wir wieder bei Herrn Tur Tur wären: Der Scheinriese, der sich, aus der Nähe betrachtet, als klägliches, vereinsamtes Männchen entpuppt, ist ein Sinnbild für Pseudo-Größe und ihre Wirkung auf die Menschen.

*

Herr Tur Tur ist aber auch eine konkrete Person. Als solche leidet er unter seiner Einsamkeit und bestätigt somit die Definition des Aristoteles, daß »der Mensch von Natur ein nach der staatlichen Gemeinschaft strebendes Wesen« ist. Derjenige, der aus eigenem Antrieb außerhalb der Polis lebt, ist »entweder ein Asozialer oder ein Übermensch«[5].

Herrn Tur Tur besitzt in der Oase eine hübsche, kleine Immobilie, ein blitzsauberes, weißes Eigenheim mit grünen Fensterläden und einem gepflegten Gärtchen vor der Tür. Demnach ist er kein Asozialer. Mit dem Übermenschen hat er auch nicht viel zu tun. Denn Nietzsches Zarathustra sprach also: »Seht, ich bin ein Verkünder des Blitzes, und ein schwerer Tropfen aus der Wolke: dieser Blitz aber heißt Übermensch – «[6]

In der Wüste fallen selten schwere Tropfen, mit einem Blitz hat Herr Tur Tur keinerlei Ähnlichkeit, und sein Sprachorgan, das eigentlich »wie ein Donnergrollen« klingen müßte, ist ein dünnes, armseliges Stimmchen.

Wenn Herr Tur Tur weder ein Asozialer noch ein Übermensch ist, was ist er dann? In der Spätantike – einige Jahrhunderte, nachdem Aristoteles seine »Politik« verfaßt hatte – trat eine dritte Kategorie von Eigenbrötlern in Erscheinung: die sogenannten Eremiten. Heerscharen von christlichen Asketen siedelten sich in der Wüste zu beiden Seiten des Nils an. Ihr Anliegen war es, der sündigen »Welt« die saubere »Wüste« gegenüberzustellen. Die weltlichen Leidenschaften in ihrem Inneren (Appetit, sexuelles Verlangen, Ehrgeiz u.a.) töteten sie durch Gebete und Kasteiungen ab, um zum reinen Glauben zu kommen. Diejenigen, die völlig unabhängig von der Welt sein wollten, gruben zwischen den Dünen nach Wasser und schufen sich winzige Oasen. Sie lebten allein, ließen sich (wie der heilige Paulus von Theben) von abgerichteten Raben mit Brot versorgen, und empfingen nur alle paar Jahrzehnte einen Glaubensbruder.

Durch diese Eremiten ist das kontemplative Leben in der Einsamkeit zu einem philosophischen Ideal geworden. Dabei darf die Wüste auch ein Park in der Nähe von Paris sein, und das Felsengrab läßt sich durch ein Gartenhäuschen mit dem Namen »Eremitage« ersetzen. Auch eine idyllische Insel im Bieler See erfüllt den Zweck der Isolation. Hauptsache, man hat die Einöde im Herzen. »So bin ich denn allein auf dieser Welt, habe keinen Bruder mehr, keinen Nächsten, keinen Freund, keine Gesellschaft außer mir selbst«, sinniert Rousseau. »Ich bin auf der Erde wie auf einem fremden Planeten, wie herabgefallen von einem andern, den ich einst bewohnte.«[7]

Das Gefühl der Entfremdung in dieser Welt ist das, was den Philosophen ausmacht. Wer mit der Welt vertraut ist, wer sich in ihr zu Hause fühlt, der staunt nicht.

Jim Knopf ist nicht vom Himmel gefallen. Doch in einem Paket zur Welt gekommen zu sein, ist befremdlich genug. Das reicht, um sich ein paar philosophische Schlüsselfragen zu stellen: »Woher komme ich? Wer bin ich? Bin ich vielleicht an der falschen Adresse?«

*

Legendär war die Weltfremdheit des Thales von Milet. Als er eines Nachts, in die Betrachtung des Sternenhimmels vertieft, durch seinen Garten wandelte, stürzte er holterdipolter in einen tiefen Brunnen. Seine Haushälterin, die ihm zur Hilfe kam, lachte ihn erst einmal tüchtig aus: »Da oben am Himmel kennst du dich aus, Thales, auf deinem eigenen Grundstück nicht.«

Nun kann es aber bisweilen sehr nützlich sein, wenn

man sich am Nachthimmel auskennt. Herr Tur Tur zum Beispiel hat es gelernt, sich am Stand der Sterne zu orientieren. »Die Wüste war flach wie ein Nudelbrett und sah nach allen Seiten gleich aus. Aber Herr Tur Tur war keinen Augenblick unsicher, in welche Richtung sie fahren mußten.« Nach knapp drei Stunden Fahrt hat er Jim, Lukas und Emma aus der Wüste (und uns aus diesem Kapitelchen) herausgelotst.

---

[1] Voltaire, Stichwort »Vorurteile« aus dem Dictionnaire philosophique, zitiert nach: Geschichte der Philosophie, Bd.5, Stuttgart 1979, S.296 f.

[2] a.a.O.

[3] a.a.O.

[4] H.-G. Gadamer, Wahrheit und Methode, Tübingen 1975, S. 263 f.

[5] Aristoteles, Politik, 1253a1 f.

[6] Nietzsche, Also sprach Zarathustra, Vorrede, 4

[7] Rousseau, Träumereien eines einsamen Spaziergängers, 1

Im »Mund des Todes«

Wenn ein Mensch von einem anderen Planeten auf diese Erde fällt, dann ergibt das einen Philosophen. Wenn ein Meteor auf die Erde fällt, bildet sich ein Krater. Und wenn eine tote Riesensonne in Gestalt eines Schwarzen Loches auf die Erde fällt, ist das Resultat eine Region der »Schwarzen Felsen«. Die Schwarzen Felsen »sind ... so vollkommen schwarz, daß alle Helligkeit aufgeschluckt wird«.

»Schöne Aussichten!« knurrt Lukas, als sie vor der schwarzen Wand angekommen sind.

Die Wand bildet die Begrenzung des Schwarzen Lochs. Die Schwerkraft in seinem Zentrum ist so gewaltig, daß alle Lichtpartikel innerhalb dieser Barriere festgehalten werden. Da aber nichts schneller ist als das Licht, kann auch nichts anderes das Schwarze Loch verlassen. Ein Außenstehender wird also niemals erfahren, was sich in einem Schwarzen Loch ereignet. Man nennt die schwarze Wand deshalb auch den »Ereignishorizont«. An ihm enden, wie Stephen W. Hawking erklärt, »die Naturgesetze und unsere Fähigkeit, die Zukunft vorherzusagen«[1].

Tapfer rollt Emma durch die Zeitgardine in die unausdenkliche Zukunft. Der Bahndamm, von dem sie auf keinen Fall abkommen darf, verläuft 100 Meilen weit schnurgerade bis zum »Mund des Todes«, dem Mittelpunkt des Schwarzen Loches. Stunde um Stunde schnauft Emma bergauf. Zum Glück sind Lokomotiven daran gewöhnt, lange Strecken geradeaus zu fahren.

In Wirklichkeit dauert die Fahrt durch die Dunkelheit nicht ganz so lange. Emma wird von der Schwerkraft mit unvorstellbarer Gewalt in das Schwarze Loch hineingerissen. Da sie am anderen Ende wieder herauskommt, muß sie schneller gewesen sein als das Licht. (Einstein hat behauptet, so etwas sei unmöglich. Vermutlich verstand er nicht viel von lummerländischen Dampflokomotiven.) Das Licht bewegt sich mit konstanten 300 000 km pro Sekunde. Wenn wir die Strecke durch die Schwarzen Felsen großzügig mit 300 km ansetzen, dann dauert die ganze Fahrt (inklusive Aufenthalt) maximal eine Tausendstelsekunde.

Aber wieso haben Jim und Lukas dann das Gefühl, stundenlang unterwegs zu sein? Dafür ist das Mysterium der Zeit verantwortlich.

Schon dem Kirchenvater Augustinus wurde schwindlig, als er über das Wesen der Zeit nachdachte, und er stöhnte: »Wir sprechen von Zeit und von Zeiten: ›Wann hat jener dies gesagt?‹ … und ›Diese Silbe dauert doppelt so lange wie jene einfache kurze.‹ Wir sagen so etwas und hören es, wir verstehen es und werden verstanden. Es ist etwas ganz Offenkundiges und Alltägliches, und trotzdem bleibt es hoffnungslos verborgen und etwas Unerhörtes ist des Rätsels Lösung.«[2]

*

Unerhört ist sie tatsächlich, Einsteins Relativitätstheorie. Eine absolute Zeit gibt es danach überhaupt nicht. »Ereignisse, welche in bezug auf den Bahndamm gleichzeitig sind, sind in bezug auf den Zug nicht gleichzeitig und umgekehrt. Jeder Bezugskörper hat seine besondere Zeit.«[3] Im Inneren des Bezugskörpers Emma gehen die Uhren anders als draußen. Ein Beobachter am Bahndamm würde die alte Dampflokomotive für eine Schwester des Raumschiffs »Enterprise« halten.

Aber dieser Beobachter hätte – und zwar nicht nur wegen der Dunkelheit – überhaupt keine Chance, etwas zu sehen. Auf seinen Augen würden sich in Sekundenbruchteilen Eisblumen bilden. Es ist nämlich unangenehm kalt da draußen, vom Wind einmal ganz abgesehen, etwa 273,16°C minus. »Ein schwarzes Loch, dessen Masse das Mehrfache der Sonnenmasse aufwiese, hätte nur eine Temperatur von einem zehnmillionstel Grad über dem absoluten Nullpunkt.«[4]

Kein Wunder, daß die Schlafdecken nicht wärmen und alles Einheizen umsonst ist: »Jim begann so zu frieren, daß ihm die Zähne aufeinanderschlugen.«

Und »Emma schleppte sich von Minute zu Minute langsamer dahin«. Das liegt nach Einstein daran, daß die Zeit in einem bewegten Bezugskörper abgebremst wird. »Die Uhr geht infolge ihrer Bewegung langsamer als im Zustande der Ruhe.«[5] Ein Astronaut, der mit annähernder Lichtgeschwindigkeit das Universum umkurvt hat, ist bei der Rückkehr um viele Jahre jünger als sein daheimgebliebener Zwillingsbruder.

*

Schließlich kommt Emma ganz zum Stehen. Sie ist physikalisch und psychologisch an einem toten Punkt angekommen. Lukas zieht an allen möglichen Hebeln, doch »Emma zitterte bloß und weigerte sich weiterzufahren«. Das Zentrum eines Schwarzen Lochs ist nun wirklich nicht der passende Ort für einen *black out*. Die Sache wird ungemütlich. »Was sollten sie tun? Nichts konnten sie tun.«

Ist das das Ende?

Nein. Sie können zwar nichts mehr tun, sind aber noch fähig zum *Nichts Tun*.

»Nichts tun«, auf Chinesisch *wu wei*, ist ein Kernbegriff der taoistischen Philosophie. »Nichts bleibt ungetan«, spricht der Weise Lao-tse, »wo nichts Überflüssiges getan wird. Zu wahrer Herrschaft im Reich gelangten immer nur Tatenlose. Jene, die Taten vollbringen, sind nicht fähig, das Reich zu erlangen.«[6]

Der Taoist nimmt sich, wenn er *nichts tut*, das *Tao* zum Vorbild. Das chinesische Wort bedeutet ursprünglich »Weg, Pfad«, aber auch »Tugend« und »natürliche Ordnung«. Die Natur handelt nicht, sie *ist* und entfaltet sich – willenlos, gleichgültig – nach einem ihr innewohnenden göttlichen Plan. Der Mensch lebt richtig, wenn er sich ebenso verhält. Jedes absichtsvolle Eingreifen führt zum Scheitern, jede leidenschaftliche Regung erreicht das Gegenteil des Gewünschten.

»So tut der Weise ohne Taten.«[7] Lukas und Jim »warteten und warteten«. Und während sie wartend *nichts taten*, »bereitete sich draußen ihre Rettung vor. Der Dampf, der aus Emmas Schornstein aufstieg, gefror nämlich in der eiskalten Luft und fiel als Schnee herunter.« Die Flocken legen sich auf die Felsen und »mitten im schwarzen Nichts schwebte plötzlich ein Stück weiße Straße«.

Die Schwärze wird in der chinesischen Philosophie dem weiblichen Prinzip des Yin zugeordnet, die weiße Farbe dem männlichen Yang. Yin und Yang ergänzen sich zum Tao. Der »Weg« ist ein schneebedeckter Damm zwischen lichtlosen Abgründen.

*

Beim Anblick des Tao überwindet Emma ihre Nervenkrise und keucht weiter zum »Mund des Todes« hinauf.

Am »Mund des Todes« herrscht eine »ganz undurchdringliche Finsternis«, und man erkennt ihn »sofort an einem fürchterlichen Heulen und Stöhnen«, hat Herr Tur Tur Jim und Lukas vorgewarnt: »Das macht der Wind, der ständig durch dieses Felsentor weht.«

Aus der Dunkelheit, den permanenten Winden und den entnervenden Geräuschen (»Huuuuuoooochchch chch!« und »Oooooooaaaaaahhhhhhhh!«) dürfen wir den Schluß ziehen, daß die Bezeichnungen »*Mund* des Todes« bzw. »Todes*rachen*« Euphemismen sind. Emma passiert in Wirklichkeit eine ganz andere Körperöffnung des Sensenmannes: den After.

Dieses »schwarze Schaf des Körpers« hat nach Peter Sloeterdijk seinen eigenen Kopf, und seine Neigung zum Grundsätzlichen »disponiert den Arsch ... zur Philosophie«.[8]

Wie philosophiert ein Arsch, und worüber? Er brütet keine idealistischen Systeme aus, sondern produziert Fürze. Man sollte den Furz nicht geringschätzen. Er hat uns etwas Wichtiges zu sagen. Sloeterdijk rechnet ihn »in die Gruppe der Signale, also der Zeichen, die weder etwas symbolisieren noch abbilden, sondern Hinweise auf einen Umstand geben. Wenn die Lokomotive pfeift, warnt sie vor ihrem Näherkommen und möglichen Gefahren. Der als Signal begriffene Furz zeigt, daß der Unterleib in voller Aktion ist ...«[9]

Das heißt, er verweist das narzißtisch sich selbst bespiegelnde Bewußtsein auf die hochkomplizierte, bewußtlos funktionierende Stoffwechselfabrik des Körpers. Den römischen Triumphator mußte ein Sklave mahnen: »Vergiß nicht, daß du ein Mensch bist!« Der Sklave Furz ruft uns aus dem Maschinenraum der Fabrik zu: »Vergiß nicht, daß du einen Körper hast!« Einen Körper, der unablässig altert und verfällt, der jede Sekunde in einen krankheitsbedingten Streik treten kann und eines Tages den Betrieb für immer einstellen wird.

*

»Wir sind gerettet«, ruft Lukas aus, als die drei den »Mund des Todes« durchqueren. »Hiiiiiiiiüüüüü!« wehklagt der steinerne Schließmuskel hinter ihnen her. Was heißen soll: »Freut euch niiiiiicht zu früüüüüüh!«

Die Stimme aus dem Grab hat schon den Prediger Salomo in die Melancholie getrieben: »Es geht dem Menschen wie dem Vieh; wie dies stirbt, so stirbt auch er, und sie haben alle einen Odem, und der Mensch hat nichts voraus vor dem Vieh; denn es ist alles eitel. Es fährt alles an einen Ort. Es ist alles aus Staub geworden und wird wieder zu Staub.«[10] Selbst Emmas stählerner Körper wird eines Tages rostzerfressener Schrott sein.

Angesichts der Vergänglichkeit und Vergeblichkeit allen menschlichen Tuns bietet nicht einmal die Philosophie Trost, im Gegenteil: »Ich richtete mein Herz darauf, daß ich lernte Weisheit und erkennte Tollheit und Torheit. Ich ward aber gewahr, daß auch dies ein Haschen nach Wind ist. Denn wo viel Weisheit ist, da ist viel Grämen, und wer viel lernt, der muß viel leiden.«[11]

Leben ist nichts als sinnloses Leiden; so lautet das Credo der Pessimisten von Buddha bis Schopenhauer: »Wir treten in die Welt, voll Ansprüche auf Glück und Genuß, und hegen die törichte Hoffnung, solche durchzusetzen. In der Regel jedoch kommt bald das Schicksal, packt uns unsanft an und belehrt uns, daß nichts *unser* ist, sondern alles *sein*, indem es ein unbestrittenes Recht hat, nicht nur auf allen unseren Besitz und Erwerb und auf das Weib und Kind, sondern sogar auf Arm und Bein, Auge und Ohr, ja, auf die Nase mitten im Gesicht. Jedenfalls aber kommt, nach einiger Zeit, die Erfahrung und bringt die Einsicht, daß Glück und Genuß eine Fata Morgana sind, welche, nur aus der Ferne sichtbar, verschwindet, wenn man herangekommen ist.«[12] Nur das Leiden hat Realität. Den gesunden Zahn spürt man nicht, wohl aber die vereiterte Wurzel. Das Leiden hat seine Wurzel im Willen zum Leben. Nur wer diesen Willen in sich abtötet und an nichts sein Herz hängt, entzieht sich dem Unglücklichsein. »Jede Beschränkung ..., sogar die geistige, ist unserem Glücke förderlich. Denn je weniger Erregung des Willens, desto weniger Leiden.«[13]

Am Anfang war die Erde »wüst und leer«, heißt es in der Bibel. Für Schopenhauer hat sich seitdem nicht viel verändert. Die Welt ist eine von Trugbildern bevölkerte Wüste. Die Dummköpfe rennen den Phantomen der Liebe, des Reichtums, der Gelehrsamkeit nach. Sie fühlen sich sehr bedeutend bei ihrer Jagd, machen viel Geschrei, wenn sie einen Zipfel des Großen Glücks erhascht zu haben glauben, und noch mehr, wenn er ihnen wieder entgleitet. Und sie spotten über den Weisen, der still den bescheidenen Garten seiner Oase bestellt. Was den nicht sonderlich stört, weiß er doch, daß auch der Spott und die Spötter nichts anderes sind als heiße Luft. »Was nach gänzlicher Aufhebung des Willens übrig bleibt, ist für alle Die, welche noch des Willens voll sind, allerdings Nichts. Aber auch umgekehrt ist Denen, in welchen der Wille sich gewendet und verneint hat, diese unsere so sehr reale Welt mit allen ihren Sonnen und Milchstraßen – Nichts.«[14]

Ist der lummerländische Lokomotivismus ein Pessimismus?

*

Auf keinen Fall. »Zum Glück führte der Weg nun abwärts, denn der ›Mund des Todes‹ lag ja an der höchsten Stelle.« Emma ist, kaum daß sie dem Schrottplatz von der Schippe gesprungen ist, schon wieder auf dem Weg »zum Glück«. Auf diesem Weg hinunter in die Ebene interessiert uns Emma. Lokomotiven haben zwar keinen großen Verstand, aber *eine* Erfahrung hat Emma auf Lummerland, der »Insel mit zwei Bergen« bestimmt gemacht: Nach jeder erholsamen Talfahrt wartet unweigerlich schon die nächste Steigung, die sie sich hinaufkämpfen muß. Dies ewige »Auf und ab« ist absurd. Es führt – ebenso wie alles menschliche Streben – letzten Endes zu nichts. Nur zum Überdruß. Doch, wie Albert Camus sagt: »Der Überdruß ist das Ende eines mechanischen Lebens, gleichzeitig aber auch der Anfang einer Bewußtseinsregung.«[15]

Auf dem Weg nach unten sieht Emma ihrem Schicksal ins Auge und nimmt es bewußt auf sich. Sie setzt der Absurdität ihres Lokomotiven-Daseins ein stolzes, entschlossenes Trotzdem entgegen. Sie findet, daß alles gut ist. Sie ist die »Maschine in der Revolte«. Wir müssen uns Emma als eine glückliche Lokomotive vorstellen.

---

[1] St.W. Hawking, Eine kurze Geschichte der Zeit, Reinbek 1991, S. 116
[2] Augustinus, Bekenntnisse, 11, 22
[3] A. Einstein, Über die spezielle und allgemeine Relativitätstheorie, Braunschweig/Wiesbaden 1988, § 9
[4] St. W. Hawking, a.a.O., S. 139
[5] A. Einstein, a.a.O., § 12
[6] Lao-tse, Tao-te-king, Kap. 48
[7] a.a.O., Kap. 2
[8] P. Sloeterdijk, Kritik der zynischen Vernunft, Frankfurt 1983, S. 282f.
[9] a.a.O., S. 287
[10] Altes Testament, Prediger Salomo, 3,19 f.
[11] a.a.O., 1, 17f.
[12] A. Schopenhauer, Aphorismen zur Lebensweisheit, V, A,1
[13] a.a.O., V, B, 6
[14] ders., Die Welt als Wille und Vorstellung, IV, § 71
[15] A. Camus, Der Mythos von Sisyphos, Hamburg 1959, S. 16

Nepomuk

Das »Land der tausend Vulkane« ist von unzähligen feuerspeienden Bergen und Hügeln bedeckt. Einige davon spucken Flammen, andere rauchen still vor sich hin, aus wieder anderen läuft oben »ein glühender Schlamm heraus, sie sahen aus wie Töpfe mit überkochendem Griesbrei«. Die Erde bebt ununterbrochen, bis sich irgendwo eine tiefe Spalte im Boden auftut. Alle Vulkane ringsum kochen über, »und der glühende Brei füllte die Kluft langsam wieder auf«. In dieser Landschaft ist alles Feuer, und gleichzeitig ist alles im Fluß. Nur eines ist hier zuverlässig: die Veränderung.

Etwa so wie das »Land der tausend Vulkane« muß für Heraklit die ganze Welt ausgesehen haben: »Dieser Kosmos aller Dinge ... ist weder von einem der Götter noch von einem der Menschen geschaffen worden, sondern sie war immer, ist und wird sein: Feuer, ewig lebendig, bald entflammend und bald erlöschend.«[1]

Es war eine fixe Idee der ionischen Naturphilosophen, daß allen Erscheinungen des Universums ein einziger Urstoff zugrunde liegen müsse. Thales führte die sichtbare Welt auf die verschiedenen Aggregatzustände des Wassers zurück, Anaximenes glaubte, daß alles aus verdichteter Luft bestehe – Vorstellungen, die bereits in der Antike belächelt wurden. Dagegen hatte Heraklit den richtigen Riecher, als er behauptete: »Die Himmelskörper entzünden sich und verlöschen«.[2] Auch der oben zitierte Satz über den Kosmos klingt plötzlich ganz modern, wenn man für »Feuer« das Wort »Energie« einsetzt.

Feuer brennt nur dort, wo eine chemische Reaktion

stattfindet, es ist das Element der Veränderung. Gleichzeitig bildet es die Urform der Energie. Das All ist aus dem Feuerball einer unvorstellbaren Explosion hervorgegangen, und die entstandene Materie läßt sich nach Einsteins Formel $E = mc^2$ wieder in Feuer und Strahlung zurückverwandeln. Energie ist die Einheitswährung des Universums.

»Alles ist austauschbar gegen Feuer«, schreibt Heraklit, »und Feuer gegen alles, wie Waren gegen Gold und Gold gegen Waren.«[3]

Emma ist gleichsam ein Energie-Schwarzmarkt auf Rädern: Die in den Kohlen gespeicherte Energie – ursprünglich die Sonnenenergie, welche die vorzeitlichen Wälder zum Wachsen und Blühen brachte – wird über die Dampfmaschine in motorische Energie umgesetzt. Wenn Lukas, wie bei der Ankunft im »Land der tausend Vulkane«, das letzte Brikett verfeuert hat, ist Emma am Ende. Ohne Kohle kein Dampf, und ohne Dampf geht es nicht voran.

*

Plötzlich hören Jim und Lukas ein seltsames Geräusch: »Es klang, als weinte irgendwo ein kleines Schwein.« Der Klagelaut kommt aus einem Vulkan, der offenbar erloschen ist. Ja, »er rauchte nicht einmal«. Statt dessen jammert jemand im Krater: »Ach, ich kann nicht mehr, ich kann einfach nicht mehr! Ooooh, ich armer Wurm!«

Handelt es sich bei dem »armen Wurm« etwa um den auferstandenen Heraklit? Der war in der Antike wegen seines Trübsinns als »der weinende Philosoph« verschrien. (Über seine Stimme ist nichts bekannt, doch roch er gelegentlich wie ein Ferkel: Immer dann nämlich, wenn er sich aus medizinischen Gründen in einen Misthaufen eingebuddelt hatte.) Nein, der Heuler im Vulkan stellt sich nicht als »Heraklit, der Dunkle«, sondern als »Halbdrache Nepomuk« vor.

Nepomuk hat allen Grund, untröstlich zu sein:

1) Seine Mutter ist ein Nilpferd, und deshalb nehmen ihn die reinrassigen Drachen nicht für voll.

2) Sein Vulkan ist ausgegangen – eine Schande für einen stolzen Halbdrachen.

3) Jim und Lukas haben keine Angst vor ihm. Letzteres bricht ihm das Herz: »Nicht mal Menschen halten mich für einen richtigen Drachen! Das ist ein Unglückstag heute! Hu hu huuuuuuu!«

Erst die Aussicht, daß Jim und Lukas seinen Vulkan wieder in Brand setzen könnten, heitert ihn auf. Er quiekt: »Ach, das wäre aber wunderbar!«

Lukas – als erfahrener Pfeifenraucher und Lokomotivführer Experte für Feuerungsanlagen aller Art – inspiziert die Höhle des Halbdrachens. Auf der einen Seite entdeckt er »einen riesigen Kohlenberg«, auf der anderen steht der defekte Herd. »Alles war rußgeschwärzt, und es stank atemberaubend nach Schwefel und allem möglichen anderen Zeug.«

»Hübsch hast du's hier, Nepomuk«, sagt Lukas höflich.

Damit folgt er der Empfehlung des Gracián, man solle sich »den Ruf der Höflichkeit erwerben; denn er ist hinreichend, um beliebt zu sein. Die Höflichkeit ist ein Hauptteil der Bildung und ist eine Art Hexerei, welche die Gunst aller erobert, wie im Gegenteil Unhöflichkeit allgemeine Verachtung und Widerwillen erregt.«[4] Vor allem muß man »sich an die Charakterfehler seiner Bekannten gewöhnen, ebenso wie an häßliche Gesichter. Es ist unerläßlich, wo Verpflichtungen uns an sie knüpfen.«[5] Wenn es um einen Haufen Kohle geht, kann man wohl ein bißchen Schmutz und Schwefelgestank in Kauf nehmen.

Jim und Lukas beweisen im Umgang mit Nepomuk, daß sie auf ihrer Reise eine bemerkenswerte Weltklugheit erworben haben. Die Instandsetzung des Herdes ist zwar ein Klacks für zwei so erfahrene Lokomotivführer, doch nachdem Lukas »nachdenklich auf den Kohlehaufen« geblickt hat, brummt er: »Ich will sehen, was ich tun kann. Eigentlich ist die Geschichte überhaupt nicht mehr zu reparieren.« Er gibt Jim die Anweisung: »Bring den Kasten mit den Spezialinstrumenten, du weißt schon, und vergiß nicht die Operationslampe!« Dann befiehlt er Nepomuk, die Höhle zu verlassen: »Ich und mein Assistent, wir können nämlich nicht arbeiten, wenn uns jemand dabei zuschaut.«

Ein paar Handgriffe, und der Herd funktioniert wieder. Doch jetzt legen die beiden erst richtig los. Sie hämmern und klopfen, was das Zeug hält, während Nepomuk draußen sitzt und voll Ehrfurcht und banger Erwartung lauscht.

»Mit offenen Karten spielen ist weder nützlich noch angenehm«, sagt Gracián. »Bei allem lasse man etwas Geheimnisvolles durchblicken und errege, durch seine Verschlossenheit selbst, Ehrfurcht.«[6] Auch sollte man »im Reden und Tun etwas Imponierendes haben. Dadurch setzt man sich allerorts bald in Ansehen und hat die Achtung vorweg gewonnen.«[7] Und »man unternehme das Leichte, als wäre es schwer«.[8]

Der arme Nepomuk verzweifelt schon am Erfolg der Hilfsaktion, als endlich, endlich das erste Rauchwölkchen aus seinem Vulkan aufsteigt. Seine Freude kennt keine Grenzen. Er tanzt um das Loch herum und quiekt: »Hurra! Es funktioniert!«

Erst jetzt bittet Lukas ihn um ein paar Kohlen. Und Nepomuk, der sich vor Dankbarkeit überschlägt, läßt es sich nicht nehmen, den Tender eigenhändig bis zum Rand aufzufüllen.

*

Nepomuk fühlt sich so sehr in der Schuld von Jim und Lukas, daß die beiden sogar »ein etwas schlechtes Gewissen« haben. Aber die Stimme des schlechten Gewissens darf ein Philosoph mit gutem Gewissen überhören, denn Friedrich Nietzsche hat den Ursprung dieser Seelenregung in einer Perversion der gesunden animalischen Instinkte ausgemacht: »Der Mensch, der sich, aus Mangel an äußeren Feinden und Widerständen, eingezwängt in eine drückende Enge und Regelmäßigkeit der Sitte, ungeduldig selbst zerriß, verfolgte, annagte, aufstörte, mißhandelte, dies an den Gitterstäben seines Käfigs sich wundstoßende Tier, das man ›zähmen‹ will, dieser Entbehrende und vom Heimweh der Wüste verzehrte, der aus sich selbst ein Abenteuer, eine Folterstätte, eine unsichere und gefährliche Wildnis schaffen mußte – dieser Narr, dieser sehnsüchtige und verzweifelte Gefangene wurde der Erfinder des ›schlechten Gewissens‹.«[9]

Das schlechte Gewissen ist eine Krankheit des Menschen, die überwunden werden muß. Jim und Lukas brauchen sich also keine Selbstvorwürfe zu machen. Im Gegenteil, sie dürfen sich auf die Schultern klopfen.

Man stelle sich vor, Lukas wäre bei der Begegnung mit Nepomuk herausgeplatzt: »Mein Freund und ich sind in einer schrecklichen Notlage, wir brauchen unbedingt Kohlen! Bitte hilf uns!« Und beim Anblick des Herdes hätte er nur gesagt: »Kein Problem! Ich zeig dir, was du machen mußt, damit er wieder zieht.« Der Halbdrache Nepomuk wäre mit Sicherheit nicht halb so glücklich gewesen. Durch Lukas' kluges Taktieren profitieren nun alle Beteiligten: Emma bekommt ihre Kohle, Nepomuk kann sich in dem Gefühl sonnen, zwei außerordentlich bedeutenden Lokomotivführern einen Freundschaftsdienst erwiesen zu haben, und Jim und Lukas haben jemanden gefunden, der ihnen den Weg in die Drachenstadt zeigt.

---

1 Heraklit, Fragmente Reclam 62 (DK 22B30)
2 a.a.O., 83
3 a.a.O., 63 (DK 22 B90)
4 B. Gracián, Handorakel, Kap. 118
5 a.a.O., 115
6 a.a.O., 3
7 a.a.O., 122
8 a.a.O., 204
9 F. Nietzsche, Zur Genealogie der Moral, II, § 16

In der Drachenstadt

Die Drachenstadt Kummerland befindet sich im Krater eines riesenhaften, erloschenen Vulkans. Der einzige Zugang – ein Tunnel durch die Bergwand – wird scharf bewacht. Nur reinrassige Drachen dürfen das Tor passieren. Jedem anderen Wesen ist der Eintritt »bei Todesstrafe verboten«.

Doch woran erkennen die Wächter einen reinrassigen Drachen? Nepomuk liefert die folgende Begriffsbestimmung:

1) Ein Drache darf keinem anderen Tier ähnlich sehen.

2) Er muß Feuer und Rauch spucken können.

Eine mangelhafte Definition. Man merkt, daß Halbdrachen keine Ahnung von Logik haben. Nach der klassischen Lehre umfaßt eine Definition zwei Bestandteile: Auf der einen Seite steht das, *was* definiert werden soll (das Definiendum), auf der anderen Seite das, *wodurch* definiert werden soll (das Definiens). Das Definiens seinerseits zerfällt in: a) den Gattungsbegriff (das Genus proximum) und b) den artbildenden Unterschied (die Differentia specifica).

Ein Beispiel: In der Definition »Der Schimmel ist ein weißes Pferd« soll das Wort »Schimmel« erklärt werden (Definiendum), »Pferd« ist der übergeordnete Gattungsbegriff (Genus proximum), und das Attribut »weiß« unterscheidet den Schimmel von allen anderen Pferden (Differentia specifica).

Auf diese Formel gebracht, lautet Nepomuks Definition: »Ein reinrassiger Drache ist ein rauch- und feuerspuckendes Wesen, das keinem anderen Tier ähnlich sieht.«

Was aber bedeutet hier »ein *anderes* Tier«? Offenbar »ein Tier, das *kein Drache* ist«. Damit hat Nepomuk eine definitorische Todsünde begangen: Das Definiendum darf nämlich auf keinen Fall (auch nicht versteckt) im Definiens vorkommen. Sonst bestimmt man einen Begriff durch sich selbst und bewegt sich gedanklich in einem Teufelskreis, einem »Circulus vitiosus«.

Doch auch abgesehen von diesem peinlichen Schnitzer läßt die Definition zu wünschen übrig. Sie erinnert an Platons legendären Versuch, den Menschen zu bestimmen: »Der Mensch ist ein zweifüßiges Tier ohne Federn.« Diogenes rupfte, als er davon hörte, einem Hahn die Federn aus und stellte ihn auf dem Athener Marktplatz als »platonischen Menschen« vor.

Ganz ähnlich basteln Jim, Lukas und Nepomuk sich nun einen »nepomukischen Drachen«: Emma wird mit Lava verkleidet, sie bekommt »einen großen Buckel, und vorn eine lange, häßliche Nase und an den Seiten Stacheln und Schuppen«. Sie wird mit roter Rostschutzfarbe angemalt, und aus ihrem Gesicht machen Jim und Lukas »eine gräßliche Drachenfratze«.

So maskiert und mächtig dampfend, kann Emma die Kontrollstelle passieren. Die Drachenwächter lassen sich übertölpeln. Das kommt dabei heraus (bzw. herein), wenn man nicht sorgfältig definiert.

*

Das unbefugte Eindringen in die Drachenstadt wird mit dem Tode bestraft. Doch nicht die Verschrottung erwartet Emma in dem unheimlichen Tunnel, sondern etwas viel Aufregenderes: ein bis in die Schwanzspitze verliebter Drache. Ihr Verehrer ist ein Schönling aus der Wachmannschaft, ein Casanova mit rotglühenden

Augen, einem schlauchartigen, zur Spirale gedrehten Hals und einem »fetten, gelbgrünen Bauch, auf dem ein dicker Nabelknopf wie ein Schlußlicht funkelte«.

Brüll-Popel – so heißt der schuppige Charmeur – versucht Emma zu kneifen, glotzt sie neckisch an und schäkert: »Hua! Hua! Hua! Du hast aberrrr ein Parrrr hübsche, glänzzzzzzende Augen! Hua! Hua! Hua!« Kurz: Er zeigt die typischen Symptome männlicher Paarungsbereitschaft.

Emmas Schönheit hat Brüll-Popels Herz im Sturm erobert: So etwas nennt man Liebe auf den ersten Blick. Liebe aber ist nach Platon nichts anderes als das Verlangen, »im Schönen zu zeugen«. Die Betrachtung der Schönheit löst die Begierde aus. »So kommt es denn, daß, wenn das zeugungsbedürftige Wesen (= Brüll-Popel) dem Schönen (= Emma) sich nähert, es froh gestimmt wird (»Hua!«) und in Wonne zerfließt und sich entlädt und zeugt.«[1]

Bekommt das zeugungsbedürftige Wesen aber, wie in diesem Fall, einen Korb (»Emma blickte den Drachen verständnislos an.«), »dann zieht es sich finster und traurig in sich selbst zurück, wendet sich ab, rollt sich zusammen, und zeugt nicht, sondern behält seinen Zeugungsstoff bei sich, an dem es schwer zu tragen hat«.[2] (»Du dicke, gerrrräucherrrrte Drrrrachenwurrrrst!« faucht Brüll-Popel und spuckt »wütend eine grüne Stichflamme mit lila Rauch aus«.)

*

Doch Schönheit ist nicht die einzige Bedingung. Zur Liebe gehört auch, daß sie »auf die Unsterblichkeit gerichtet ist«. Mann und Frau tun sich zusammen, um »durch Zeugung von Kindern Unsterblichkeit und Fortleben im Gedächtnis und Glückseligkeit«[3] zu erlangen.

Hier scheint Platons Erklärung zu versagen. Denn »richtige Drachen bekommen ... keine Kinder. Sie haben das auch gar nicht nötig, weil sie nicht sterben, außer wenn jemand sie tötet. Von allein sterben sie nie, sondern werden einfach immer älter.«

Wenn Brüll-Popel keine niedlichen, kleinen Drachenbabys mit Emma produzieren will, was hat er dann vor?

Es sind in erster Linie Emmas Scheinwerfer-Augen, die ihn bezaubert haben. Die Augen werden gemeinhin als »die Schaufenster der Seele« bezeichnet. Demnach handelt es sich bei Brüll-Popel um einen Anhänger des platonischen Eros, einen aufrichtigen Liebhaber der Psyche, einen Verehrer weiblicher Sittsamkeit: »Die schönen Körper entzücken ihn mehr als die häßlichen in seinem Zeugungsdrang, und wenn er auf eine schöne, edle und wohlveranlagte Seele stößt, da ist er außer sich vor Entzücken (»Hua! Hua! Hua!«) über die Verbindung von beidem, und einem solchen Auserwählten gegenüber kann er sich nicht genug tun in Erörterungen über die Tugend ...«[4]

Ein Jammer, daß Emma die Einladung zu »einem kleinen Spazzzierrrrrrrgang« aus Schüchternheit zurückweist. Eine Erörterung über die Tugend hat noch keiner Lokomotive geschadet.

*

Im Inneren des Vulkans ragen graue Hochhäuser Hunderte von Stockwerken in den Himmel, von dem allerdings kaum etwas zu sehen ist, so dicht lagert der Dunst in den Straßenschluchten. Tausende von Drachen wuseln rauch- und flammenspeiend zwischen den Häusern herum. Einige haben »sogar noch eine Art Auspuff hinten an der Spitze ihres Schwanzes«, aus dem »dicker grüner und gelber Qualm« quillt. Es herrscht ein entsetzlicher Lärm, und alle scheinen es unerhört eilig zu haben: »Sie rannten hastig durcheinander, rempelten sich an, stiegen übereinander weg, trampelten unbekümmert auf Köpfe und Glieder der anderen und benahmen sich überhaupt sehr unliebenswürdig.«

Kurz: Kummerland ist eine moderne, vom technischen Fortschritt geprägte Metropole. Gigantische Bauten und rastlose Geschäftigkeit zeugen von einer hochentwickelten Zivilisation. Die gesellschaftliche Dynamik setzt beim einzelnen Drachen eine Kreativität frei, die sich besonders im Erzeugen von Geräuschen äußert: Sie »kreischten, rasselten, knurrten, polterten, zankten sich, grölten, johlten, husteten, schrien, heulten, lachten, pfiffen, beschimpften sich, niesten, keuchten, ächzten, stampften, klirrten, zischten« usw.

Soviel pulsierende Lebendigkeit hat ihren Preis: Es gibt in ganz Kummerland kein einziges Drachenkind. Schuld daran ist nicht etwa eine natürliche Unfruchtbarkeit der Drachen (Nepomuk wurde schließlich von einem Drachen gezeugt). Die BewohnerInnen der Drachenstadt haben einfach keine Lust mehr, sich fortzupflanzen. Und Zeit schon gar nicht. Die Kindergärten sind gewaltigen Wolkenkratzern gewichen, ein hemmungsloser Individualverkehr hat den Geschlechtsverkehr ersetzt.

Dabei steht die Lieblosigkeit der Kummerländer in einem kausalen Verhältnis zu ihrer Hyperaktivität. Denn der Sexualtrieb stellt nach Freud »der Kulturarbeit außerordentlich große Kraftmengen zur Verfügung, und zwar infolge der bei ihm (d.h. dem Sexualtrieb) besonders ausgeprägten Eigentümlichkeit, sein Ziel verschieben zu können, ohne wesentlich an Intensität abzunehmen. Man nennt diese Fähigkeit, das ursprünglich sexuelle Ziel gegen ein anderes, nicht mehr sexuelles, aber psychisch mit ihm verwandtes, zu vertauschen, die Fähigkeit zur *Sublimierung*.«[5]

*

Doch – Sublimierung hin, Sexualtrieb her – ein Dasein, das sich im Häuserbauen und Herumflitzen erschöpft, verliert irgendwann seinen Sinn. Sir Bertrand Russell hat das Schicksal von Brüll-Popel und seinen Artgenossen vorausgesehen, als er schrieb: »Wer einer Lebensanschauung huldigt, die ihn so wenig glücklich macht, daß ihm nichts daran liegt, Kinder zu zeugen, ist biologisch zum Tode verurteilt.« Es »werden sich Symptome einstellen wie nervöse Abspannung, verschiedenartige Fluchtphänomene, eine Jagd nach Vergnügungen, die (da Entspannung unmöglich geworden ist) ebenso anstrengend sind wie die Arbeit, und das Ende wird ein Erlöschen der betreffenden Bevölkerung wegen mangelnder Fortpflanzung sein«.[6]

---

[1] Platon Gastmahl, 206d

[2] a.a.O.

[3] a.a.O., 208e

[4] a.a.O., 209b

[5] S. Freud, Drei Abhandlungen zur Sexualtheorie, Frankfurt 1981, S.125

[6] B. Russell, Schlüssel zum Glück, Leipzig 1932, S. 40

Frau Mahlzahn

Bald nachdem Jim und Lukas die Alte Straße 133 gefunden haben, stehen sie mit Emma vor der Tür von Frau Mahlzahns Wohnung – und damit wieder einmal vor einem philosophischen Problem. Jim bringt es auf den Punkt: »Darf man denn einfach ohne Erlaubnis mit einer Lokomotive in eine fremde Wohnung hineinfahren?«

Normalerweise stellt sich die Frage nach der moralischen Rechtfertigung unserer Handlungen überhaupt nicht. Wir tun ohne Nachdenken das, was man uns in der Kindheit beigebracht hat, was wir schon immer getan haben, was »man tut«. Anders liegt der Fall, wenn wir – wie Jim in diesem Fall – in eine ungewöhnliche Situation geraten und keinen Knigge zur Hand haben, in dem wir nachschlagen könnten. Dann müssen wir unser Gewissen erforschen und die großen Philosophen zu Rate ziehen.

Immanuel Kant z.B. hätte auf Jims Frage kategorisch geantwortet: »Handle so, daß die Maxime deines Willens jederzeit zugleich als Prinzip einer allgemeinen Gesetzgebung gelten könne.«[1] Jim und Lukas müßten demnach brav den Totenkopf-Türklopfer betätigen, es sei denn, sie wollen es allen Lokomotiven der Welt gestatten, mir nichts, dir nichts in wildfremde Behausungen hineinzudampfen.

Kants Sittengesetz macht sich keine Gedanken darüber, welche Folgen eine Handlung im Einzelfall hat.

Dagegen geht der Utilitarist Jeremy Bentham allein vom »Prinzip der Nützlichkeit« aus, »das schlechthin jede Handlung in dem Maß billigt oder mißbilligt, wie ihr die Tendenz innezuwohnen scheint, das Glück der Gruppe, deren Interesse in Frage steht, zu vermehren oder zu vermindern …«[2] Praktisch sieht das so aus: »Man addiere die Zahlen, die den Grad der guten Tendenz ausdrücken, die eine Handlung hat – und zwar in bezug auf jedes Individuum, für das die Tendenz insgesamt gut ist; das gleiche tue man in bezug auf jedes Individuum, für das die Tendenz insgesamt schlecht ist. Dann ziehe man die Bilanz.«[3]

In unserem Fall würde auf der einen Waagschale Frau Mahlzahns Unmut liegen, auf der anderen die Befreiung der Kinder, die Freude ihrer Eltern und nicht zuletzt Jims Liebesglück – eine denkbar einfache Entscheidung: Frau Mahlzahns Waagschale würde hochschießen wie eine Rakete.

Aber nein, so leicht will Lukas es sich nicht machen. Er entdeckt zwischen Benthams utilitaristischer und Kants deontologischer Normenbegründung einen Mittelweg, indem er feststellt: »In diesem Fall geht es nicht anders.« Ausformuliert lautet der »lummerländische Imperativ«: »Wenn es nicht anders geht, handle stets so, wie es geht!« Eine salomonische Regel.

*

Frau Mahlzahns Wohnung ist nicht gerade gemütlich eingerichtet. Die Drachendame bevorzugt Stilmöbel aus dem Paläolithikum. Selbst das Tick-Tack der Wanduhr klingt »unheimlich steinern«.

In einem großen, rechteckigen Saal entdecken Jim und Lukas die Kinder. Jedes hat eine Felsen-Schulbank ganz für sich allein. Hinter einem riesigen Pult steht »ein ganz besonders scheußlicher Drache«: Frau Mahlzahn! »In der Hand hielt er einen Bambusstock, den er beständig durch die Luft pfeifen ließ.«

Kein Zweifel: Hier handelt es sich nicht um eine reguläre Schule. Frau Mahlzahn betreibt ein Zen-Internat, sie selbst ist der *sensei* (= Meister). Die Innenarchitektur des *dojo* (= Meditationsraum) paßt zur Lehre: Der Fels mit den Eigenschaften der Festigkeit und Unerschütterlichkeit ist *das* Symbol des Zen-Buddhismus.

Jim und Lukas platzen unangemeldet in ein *sesshin*, eine Periode der Meditation, in der völliges Schweigen oberstes Gebot ist.

Daher ist auch Frau Mahlzahns Irritation verständlich, als die beiden an der Tür zu tuscheln beginnen. »Rrrrrruhe!« schreit sie. »Werrrr hat da eben geflüsterrrrt?«

Die Kinder mucksen sich nicht. »Sie saßen alle sehr aufrecht da und wagten nicht, sich zu bewegen.«

Bravo! Der richtige Sitz ist das A und O beim Meditieren: reglos, gleichmäßig atmend, mit gerader Wirbelsäule; »nicht wie ein Bettler, zweifelnd und ungläubig, sondern in der königlichen Haltung eines im Raume verankerten Dreiecks«.

Um die Kon-zen-tration der Schüler wieder zu bündeln, gibt *sensei* Mahlzahn ihnen ein *koan* zu knacken. Darunter versteht man eine kleine, absurde Frage, die im Gehirn einen Kurzschluß – und damit verbunden eine blitzartige Erleuchtung, ein kosmisch-spirituelles Aha-Erlebnis – auslösen soll.

Ein vielzitiertes und besonders verzwicktes *koan* lautet z.B.: »Wie klingt das Klatschen einer einzigen Hand?« Im Vergleich dazu ist die Frage, die *sensei* Mahlzahn stellt, einfach und kindgemäß: »Wiiiiviiiiel isssst – siiiieben mal achchcht?«

Der Indianerjunge, der aufgerufen wird, hat einen schlechten Tag. Zuerst tippt er auf »zwanzig«, dann korrigiert er sich stotternd auf »fünfzehn«. Beide Male voll daneben! Dabei gibt es mehr als genug richtige Antworten, z.B. »eine weiße Lotosblüte«, oder: »Wenn du den Gelben Fluß mit einem Schluck austrinkst, werde ich es dir sagen!«

Sensei Mahlzahn wird mit Recht energisch und setzt ihren *kyosaku* ein. Das ist der Warnstab, der von den Zen-Meistern benutzt wird, um abgelenkte Schüler zur Aufmerksamkeit zu ermuntern. Pflichtbewußt »stand der Drache auf, ging auf den Jungen zu, legte ihn über die Bank und hieb wütend auf ihn ein« – getreu dem Wahlspruch des chinesischen Weisen Te-shan: »Dreißig Schläge mit meinem Stock, wenn du etwas zu sagen hast, dreißig Schläge auch dann, wenn du nichts zu sagen hast.«

Nachdem der kleine Indianer die gutgemeinte Konzentrationshilfe empfangen hat, stehen seine Augen »voller Tränen«, aber er heult nicht. Er hat also schon einiges in Frau Mahlzahns *dojo* gelernt. (Das Ignorieren von Schmerzen gehört bekanntlich zur Grundausbildung des Zen.) Doch mit seiner Konzentration hapert es noch immer. So vergißt er es doch glatt, sich ordnungsgemäß zu verneigen und der Meisterin für die *kyosaku*-Schläge zu danken.

Es ist nicht immer leicht, Lehrerin zu sein. Enttäuscht wendet sich Frau Mahlzahn ihrer Musterschülerin Li Si zu.

*

Es gibt Sternstunden der Philosophie. Und je dunkler die geistige Umnachtung der Zeit, desto heller leuchten die Sterne. Sokrates hätte ins Exil flüchten können, als er von den Athenern angeklagt wurde. Um seinen Prinzipien treu zu bleiben, leerte er den Schierlingsbecher. Giordano Bruno schleuderte seinen Richtern entgegen: »Ihr habt größere Angst beim Verkünden des Urteils als ich bei der Entgegennahme.« Und bestieg mutig den Scheiterhaufen. Prinzessin Li Si soll sagen, daß drei und vier »achcht isssst«. Drohend faucht Frau Mahlzahn sie an: »Wenn i c h dir sage, daß es achchcht ist, dann isssst es achchcht! Verrrrstanden?«

Vermutlich denkt Li Si in diesem Augenblick an den heiligen Augustinus, der die »unzerstörbare Wahrheit der Zahl« rühmt: »7 + 3 ... sind 10, und zwar nicht bloß jetzt, sondern ewig, und keinesfalls waren 7 + 3 einmal nicht 10 oder werden es jemals nicht sein.«[4]

»Nein, sieben«, flüstert die kleine, sanftmütige Prinzessin.

Womit wieder einmal Spinozas Lehrsatz bestätigt wäre: »Die Menschen sind in der Regel so beschaffen, daß ihnen nichts so unerträglich ist, als wenn Ansichten, die sie für wahr halten, als Verbrechen gelten ... Dann verabscheuen sie die Gesetze und erlauben sich alles gegen die Behörden, und sie halten es nicht für schimpflich, sondern für höchst ehrenvoll, um dieser Ursache willen Empörungen anzustiften und jeden möglichen Frevel zu versuchen.«[5]

Li Sis mutige Antwort läßt Männer wie Galilei oder Kant ganz schön alt aussehen: Galilei, der vor der Inquisition in die Knie ging und auf die Bibel schwor, »daß ich immer geglaubt habe, auch jetzt glaube und mit Gottes Hilfe auch in Zukunft glauben werde, alles was die heilige katholische und apostolische Kirche für wahr hält, predigt und lehrt«.[6] Oder Kant, der seinem König gelobte, »daß ich mich fernerhin aller öffentlichen Vorträge, die Religion betreffend, ... sowohl in Vorlesungen wie in Schriften als Euer Majestät getreuester Untertan gänzlich enthalten werde«.[7]

Die Wahrheit zu *er*kennen ist immer nur die halbe Miete im philosophischen Pantheon. Erst im *Be*kennen angesichts der skrupellosen Gewalt offenbart sich die wahre Größe.

»Nein, sieben«, flüstert Li Si, und am Sternenhimmel der Geistesgeschichte erstrahlt eine Supernova.

*

Der Disput zwischen der kleinen Prinzessin und der fürchterlichen Frau Mahlzahn symbo-Li Si-ert einen archetypischen Konflikt, das ewige Kräftemessen zwischen Wahrhaftigkeit und Dogma. Das Dogma ist die Stimme der Macht, der es nicht um Wahrheit und Überzeugung, sondern um Unterwerfung und Demoralisierung geht: »Du sollst gehorrrchen!« zischt Frau Mahlzahn. »Li Si schüttelte stumm den Kopf.« Die Wahrhaftigkeit ist selbst dann, wenn sie schweigt, eine Herausforderung der Mächtigen – und noch mehr: Das unbedingte Einstehen für die Wahrheit zeugt indirekt auch davon, daß etwas existiert, das höher steht als das Schicksal des einzelnen; etwas, das den Schmerz und den Tod zu Nebensächlichkeiten degradiert; etwas, das dem Leben Sinn gibt.

»Nein, sieben«, flüstert Li Si. In diesem Augenblick ist sie von einer unwiderstehlichen Schönheit. Um Jim, der von der Tür aus alles mitangehört hat, ist es geschehen. Er weiht Li Si sein Leben und tritt mit Todesverachtung dem grimmigen Drachen entgegen.

---

[1] I. Kant, Kritik der praktischen Vernunft, § I, 1, § 7

[2] J. Bentham, aus: Eine Einführung in die Prinzipien der Moral und der Gesetzgebung, zitiert nach: Geschichte der Philosophie, Bd.4, Stuttgart 1980, S. 246

[3] a.a.O., S. 269

[4] Augustinus, Über den freien Willen, II, 21

[5] Spinoza, Theologisch-politischer Traktat, Hamburg 1976, S. 305

[6] Galilei, G., zitiert nach J. Hemleben, Galilei, Reinbek 1969, S. 8

[7] Kant, I., zitiert nach Uwe Schultz, Kant, Reinbek 1965, S. 158

Der Drachenkampf

Apollon besiegte den delphischen Python, Jung-Siegfried erschlug den Lindwurm Fafnir, der Heilige Georg spießte den Drachen von Silena auf. Kein Held ohne Drachenkampf. Nur wer über ein schuppiges, feuerspeiendes Ungeheuer triumphiert hat, wird in den exklusiven Club der Heroen aufgenommen. Jim Knopf muß zum finalen *show down* gegen Frau Mahlzahn antreten.

Nun gibt es aber in Wirklichkeit keine Drachen. Das Fabelwesen ist in jedem Fall ein Symbol. Die Niederlage von Python, einem Sohn der Erdmutter Gaia, spiegelt den Untergang der chthonischen Naturreligion wieder. In Fafnirs gepanzertem Schlangenleib haben Interpreten den Heereszug der Römer entdeckt, der sich durch den Teutoburger Wald schlängelte, bis er von Arminius (= Siegfried) in Stücke gehauen wurde. Der Drache des Heiligen Georg schließlich symbolisiert das Heidentum, denn nach dem Tod des Scheusals ließen sich – so die Legende – alle Einwohner von Silena zum Christentum bekehren.

Wofür aber steht Frau Mahlzahn?

Etwa für die Gefahren der Parodontose (»... aus dem großen grausamen Maul ragte ein einziger langer Zahn unsagbar abstoßend hervor«)?

Personifiziert sie vielleicht die negativen Aspekte des lehrerzentrierten Unterrichts (»Die Kinder saßen alle sehr aufrecht da und wagten nicht, sich zu bewegen. Sie hatten ihre Hände auf die Pulte gelegt und blickten mit angstvollen, verstörten Augen auf den Drachen.«)?

Oder ist sie das Schreckensbild einer »phallischen

Frau«? Versucht sie durch das unablässige Schwingen des Bambusstocks (!) nur, ihren Penisneid zu kompensieren? Ist sie womöglich eine metaphorische Warnung vor den Folgen eines überzogenen Feminismus (»Ein dicker Adamsapfel tanzte in dem dünnen Hals auf und nieder.«)?

Erich Fromm hat darauf hingewiesen, daß »viele Symbole … mehr als eine Bedeutung haben: … Die spezielle Bedeutung eines Symbols kann jeweils nur aus dem gesamten Kontext heraus verstanden werden, in dem es auftaucht, und unter Berücksichtigung der vorherrschenden Erfahrungen des Menschen, der sich dieses Symbols bedient.«[1]

Da Jim und Lukas keine Zahnärzte, sondern Lokomotivführer sind, können wir die Parodontose-Hypothese getrost vergessen. Auch die pädagogische Interpretation scheidet aus: Frau Mahlzahns Unterrichtsstil entspricht – angesichts einer multikulturellen Gesamtschulklasse – durchaus den Sicherheits-Richtlinien des Lehrerschutzbundes. Unsere dritte Deutung kann ebensowenig überzeugen: Wenn Frau Mahlzahn eine militante Feministin wäre, würde sie dann in so abscheulicher Weise auf der klugen und selbstbewußten Prinzessin Li Si herumhacken?

*

Der wahre Sinngehalt der Mahlzahn-Gestalt wäre wohl für immer im Verborgenen geblieben, hätte nicht C.G. Jung das dunkle Licht der Tiefenpsychologie darauf geworfen. Jung fand heraus, daß jeder Drachenkampf – heiße das Monster nun Python, Fafnir oder Frau Mahlzahn – die Auseinandersetzung des Menschen mit dem Archetyp der »Furchtbaren Mutter« symbolisiert – und in letzter Instanz den Sieg des (männlich gedachten) Bewußtseins über das (als weiblich-chthonisch empfundene) Unbewußte.

Die »Furchtbare Mutter«, das ist der negative Aspekt des Mutterarchetyps: Dasselbe Leben, das die »Gute Mutter« im Überfluß spendet, wird von der »Furchtbaren Mutter« unablässig erstickt und verschlungen.

»Gute Mutter« = Erde = Fruchtbarkeit = Leben;
»Furchtbare Mutter« = Erde = Grab = Tod.

Bemerkenswert ist nun, daß für Jim und seine Heldenkollegen »der Angriff des Unbewußten geradezu zur Kraftquelle des heroischen Kampfes wird, und zwar ist dies dermaßen eindrücklich, daß man sich fragen muß, ob die scheinbare Feindschaft des mütterlichen Archetypus nicht eben gerade eine List der Mater Natura (Mutter Natur) sei, ihr bevorzugtes Kind zu seiner höchsten Leistung zu reizen«.[2] Die bösartige Frau Mahlzahn »wäre dann in der Rolle der gestrengen ›Herrin Seele‹, welche ihren Helden mit dem schwersten Werk belastet, indem sie ihn mit Verderben bedroht, wenn er sich nicht zu seiner höchsten Tat aufrafft und damit zu dem wird, was er in potentia (der Möglichkeit nach) schon immer war«.[3]

Ist Frau Mahlzahn also – sokratisch gesprochen – eine Hebamme, die mit maieutischer Gewalt Jim Knopfs ganze Tapferkeit zur Welt bringt? Fast scheint es so: »Wir Drachen sind eigentlich nur so böse, damit jemand kommt und uns besiegt«, verrät der Drache, bevor er in seinen Verwandlungsschlaf fällt.

*

Jim Knopf hat – tatkräftig unterstützt von Lukas und Emma – Frau Mahlzahn besiegt und gefesselt. Das rationale Bewußtsein (Jim) kontrolliert das triebhafte Unbewußte (Drache). Aber nur, weil dieses kontrolliert sein will. Das Unbewußte manipuliert das Bewußtsein und inszeniert seine eigene Niederlage. Das Bewußtsein ist also – selbst in seinem Triumph – nur eine Marionette des Unbewußten.

»Quatsch! Das ist doch alles bürgerlich-dekadenter Humbug!«

Wer war das? Wer hat da eben gerufen? Wer erdreistet sich, meine geistreichen Ausführungen zu unterbrechen?

»Ich.«

Wer ist ich?

»Früher war ich ein Gespenst, das in Europa umging. Doch seit man mich flächendeckend exorziert hat, muß ich als materialistisches Daimonion durch die Köpfe spuken.«

Und was haben Sie in diesem Buch verloren, Herr Daimonion?

»Genosse Daimonion, wenn ich bitten darf! Ich habe mich zu Wort gemeldet, um einiges richtigzustellen: Nicht irgendein chimärenhaftes Unbewußtes, sondern das Sein bestimmt das Bewußtsein! Hundert Jahre nach Karl Marx sollte das eigentlich auch jeder Bourgeois kapiert haben: ›Die herrschenden Gedanken sind weiter nichts als der ideelle Ausdruck der herrschenden materiellen Verhältnisse.‹[4]

Wenn Frau Mahlzahn argumentiert: ›Alle diese Kinderrrr gehörrrren mirrr, mirrrr ganz allein, verrrstehst du? … Ich habe dafür bezzzzahlt! Jetzt gehörrrren sie mirrrrrrr!‹, dann hat das nichts mit irgendwelchen nebulösen ›Archetypen‹ zu tun. Vielmehr entlarvt der Drache sich als typischer Vertreter einer inhumanen Sklavenhaltergesellschaft.

Jim Knopf dagegen, in seiner Eigenschaft als Abgesandter von Kaiser Pung Ging, repräsentiert die Gesellschaftsform des Feudalismus. Er ist zwar ein Fürstenknecht und hat keine Ahnung vom Dialektischen Materialismus, seine Rolle in der Geschichte erweist sich jedoch als objektiv revolutionär. Als er sich Frau Mahlzahn vorstellt, schleudert er ihr im gleichen Atemzug seine Kampfansage entgegen: ›Ich bin Jim Knopf. Ich komm' von Lummerland, um die Prinzessin Li Si zu befreien. Und die anderen Kinder auch.‹ Das ist das Signal zur Volkserhebung.«

Aber …

»Nichts aber! Marx hat bekanntlich festgestellt: ›Die Existenz revolutionärer Gedanken in einer bestimmten Epoche setzt bereits die Existenz einer revolutionären Klasse voraus …‹[5] *Und wenn wir die Opfer des Mahlzahnschen Terrorregimes genauer betrachten, so stellen wir fest, daß es sich dabei tatsächlich um eine Klasse handelt. Genauer gesagt: um eine Schulklasse. Li Si und ihre Leidensgenossen sind Sklaven, von der Wilden Dreizehn geraubt und für ein Faß der Marke ›Drachengurgel‹ an Frau Mahlzahn verscherbelt. Sie haben nichts zu verlieren als ihre Ketten. Daher bilden sie eine potentiell revolutionäre Klasse. Alles, was ihnen zum Aufstand fehlt, ist ein charismatischer Anführer. Jims Auftritt in der Wohnung von Frau Mahlzahn hat also die gleiche Wirkung wie die überraschende Ankunft Lenins im St. Petersburg des Jahres 1917. Und auch Lenin kam ja bekanntlich mit der Eisenbahn!«*

Tatsächlich?

»Tatsächlich! Da Frau Mahlzahn sich nun weigert, auf ihre Sklavenhalter-Privilegien zu verzichten, kommt es zum offenen Klassenkampf – eine zwangsläufige Entwicklung, denn ›die Geschichte aller bisherigen Gesell-

schaft ist die Geschichte von Klassenkämpfen. Freier und Sklave, Patrizier und Plebejer, Baron und Leibeigener, Zunftbürger und Gesell, kurz, Unterdrücker und Unterdrückte standen in stetem Gegensatz zueinander, führten einen ununterbrochenen, bald versteckten, bald offenen Kampf, einen Kampf, der jedesmal mit einer revolutionären Umgestaltung der ganzen Gesellschaft endete oder mit dem gemeinsamen Untergang der kämpfenden Klassen‹.[6]

Im vorliegenden Fall endet der Klassenkampf mit der vollständigen Niederlage des alten Regimes (›Der Drache fiel um und lag hilflos auf dem Rücken und streckte alle viere von sich.‹), einer spontanen Jubelfeier der befreiten Klasse (›Alle waren ganz außer Rand und Band vor Freude.‹) und einer halböffentlichen Sitzung des Zentralkomitees, bestehend aus Jim, Lukas und Li Si. Die Beschlüsse des ZK (›Im Schutz der Dunkelheit treiben wir mit der Strömung auf unserer Lokomotive aus der Drachenstadt heraus …‹) werden von den Massen enthusiastisch aufgenommen (›Die Kinder stimmten dem Plan begeistert zu.‹).

Nachdem Lukas der Lokomotivführer die Kinder zu revolutionärer Wachsamkeit aufgerufen hat (›Paßt auf, Leute!‹), schickt er sie ins Bett. Nur Lukas selbst findet keinen Schlaf. Er ›saß in einer Ecke des Raumes in einem riesigen steinernen Ohrenbackenstuhl, schmauchte seine Pfeife und bewachte die Träume der Kinder‹. So wie einst Väterchen Stalin.«

Das reicht jetzt aber, Genosse Daimonion!

»Bin schon fertig: Von Jim Knopf lernen heißt siegen lernen! Freundschaft!«

---

[1] Erich Fromm, Märchen, Mythen, Träume, Reinbek, 1981, S. 23
[2] C.G. Jung, Das Grundwerk Bd. 8, Olten und Freiburg 1985, S. 155f.
[3] a.a.O.
[4] Marx/Engels, Feuerbach, Gegensatz von materialistischer und idealistischer Anschauung (Einleitung), zitiert nach M.-E. Studienausgabe, Bd. 1, Frankfurt 1966, S. 110
[5] a.a.O.
[6] K. Marx, Kommunistisches Manifest, I

Die Liebe

Jim träumt, er sei zurück in Lummerland und erzähle Frau Waas von seinen Abenteuern. »Und die kleine Prinzessin Li Si saß neben Frau Waas und hörte ihm voll Bewunderung zu.« Dieser Traum ist unschwer zu deuten. Er zeigt uns Jim Knopf als Hauptfigur in einem erotischen Drama. Schauplatz ist die »kleine Küche« von Frau Waas, nach Freud ein klassisches Bild der Gebärmutter. Die Sonnenstrahlen, die durch das »Fenster« hereinfluten, bilden ein mächtiges Phallussymbol. Das »Bühnenbild« simuliert also einen Koitus. In dieser sexuell aufgeheizten Atmosphäre sitzt der pubertierende Knabe seinen beiden bevorzugten Lustobjekten gegenüber:

Frau Waas ist die Geliebte seiner Kindheit, denn »der Verkehr des Kindes mit seiner Pflegeperson ist für dasselbe eine unaufhörlich fließende Quelle sexueller Erregung und Befriedigung von erogenen Zonen …«[1] (Daß Herr Ärmel, der mit einem Schirm (!) bewaffnete Freund von Frau Waas, in Jims Traum nicht vorkommt, ist Ausdruck eines unbewußten Todeswunsches. Ein klarer Fall von Ödipus-Komplex!)

Dagegen erkennen wir in Prinzessin Li Si das Lustobjekt, an dem sich Jims genitale Sexualität entzündet. Denn kaum ist Frau Mahlzahn erledigt, da greift der Junge zum Schlüssel (!) und öffnet alle Kettenschlösser, auch das von Li Si. Verständlich, daß die Kleine dabei »errötete und mit einer allerliebsten Bewegung ihr Köpfchen wegdrehte«. Zweifellos kennt sie ihren Freud und weiß: »Der Schlüssel, der öffnet, ist ein sicheres männliches Symbol.«[2]

An sich müßte es in der Küche zu einer Eifersuchtsszene zwischen Pflegemutter und Braut kommen. Selbstredend will jede der beiden Frauen ihren Helden für sich allein haben. Eine Tragödie erscheint vorprogrammiert. Doch Jim gelingt es, den Konflikt zu entschärfen, indem er *mündlich* von seinen Abenteuern berichtet, d.h. beide Objekte gleichzeitig oral befriedigt!

*

Jims Sexualleben beschränkt sich nicht auf feuchte Träume. Er projiziert seine sexuellen Phantasien auch auf die klatschnasse Wirklichkeit. Die Fahrt auf dem Gelben Fluß wird für ihn zu einem atemberaubenden Akt der Ersatzbefriedigung:

Er setzt sich rittlings (!) auf das vorderste Ende des Kessels, hat demnach die Lokomotive zwischen den Beinen, als sie »hinein in die völlig undurchdringliche Finsternis eines Felsentors« schießt. »Die rasende Fahrt ging abwärts, immer hinunter, tiefer und tiefer (!). Der Sturz schien kein Ende zu nehmen, »als sollte es ins Innere der Erde (!) gehen«. Im purpurroten Zauberlicht der Tiefe erkennt er, daß der Fluß durch eine Galerie von Grotten (!) strömt, deren Decken und Wände über und über mit funkelnden Juwelen bedeckt sind.

Was es mit dieser wunderbaren Höhlenwelt auf sich hat, ist sonnenklar: »Das weibliche Genitale wird symbolisch dargestellt durch alle jene Objekte, die seine Eigenschaft teilen, einen Hohlraum einzuschließen, der etwas in sich aufnehmen kann. Also durch Schächte, Gruben und Höhlen, durch Gefäße und Flaschen, durch Schächteln, Dosen, Koffer, Büchsen, Kisten, Taschen usw.«[3]

Was aber bedeuten die Edelstein-Kristalle an den

Wänden? Hier hilft uns eine Beobachtung des Amateur-Philosophen Stendhal weiter: »Laß den Kopf eines Liebenden vierundzwanzig Stunden arbeiten, und du wirst folgendes finden: In den Salzbergwerken von Salzburg wirft man in die verlassenen Tiefen des Stollens einen winterlich kahlen Baumzweig. Zwei oder drei Monate später zieht man ihn wieder heraus, bedeckt mit glitzernden Kristallen: die kleinsten Ästchen, nicht dicker als eine Meisenkralle, sind besetzt mit einer Unzahl beweglicher, blendender Diamanten; man kann den ursprünglichen Zweig nicht wiedererkennen.«[4] Eine solche *Kristallisation* findet auch im Herzen des Liebenden statt. Sie verändert seine Wahrnehmung und führt dazu, daß er »an allem, was sich darbietet, die Entdeckung macht, daß das geliebte Wesen neue Vorzüge hat«.[5]

Wie wir an Jims Beispiel sehen, konzentriert sich die *Kristallisation* zunächst auf das (durch die unterirdische Höhle symbolisierte) Geschlechtsteil der Angebeteten, erfaßt dann aber die ganze Person. In Freuds Worten: »Die physische Wertschätzung, derer das Sexualobjekt als Wunschziel des Sexualtriebes teilhaftig wird, beschränkt sich in den seltensten Fällen auf dessen Genitalien, sondern greift auf den ganzen Körper desselben über und hat die Tendenz, alle vom Sexualobjekt ausgehenden Sensationen mit einzubeziehen.«[6] Wenn Li Si das Einmaleins aufsagt, klingt das in Jims Ohren, »als sänge eine Nachtigall«. Ein typischer Fall von Sexualüberschätzung!

*

Ganz hoffnungslos verknallt scheint Jim aber nicht zu sein. Freud schreibt: »Die gleiche Überschätzung strahlt auf das psychische Gebiet aus und zeigt sich als logische Verblendung (Urteilsschwäche) angesichts der seelischen Leistungen und Vollkommenheiten des Sexualobjekts sowie als gläubige Gefügigkeit gegen die von letzterem ausgehenden Urteile.«[7] Jim aber vertraut seiner Li Si keineswegs blind. Als der Gelbe Fluß zutage tritt und Emma an Glasbäumen vorbei- und unter Porzellanbrücken hindurchtreibt, da erkennt Li Si mit einem Blick ihre Heimat wieder. Sie jubiliert: »Hurra! Das ist Mandala! Wir sind in meinem Land!« Jim aber meldet entschiedene Zweifel an (»Das kann doch nicht sein!«). Er klettert, um sich persönlich zu überzeugen, auf den Schornstein (!) der Lokomotive.

Ein weniger gescheites Mädchen würde soviel männlichen Chauvinismus zum Anlaß für eine dramatische Szene nehmen. Prinzessin Li Si dagegen bedient sich der stillen »Waffen einer Frau«. Sie ignoriert Jims pubertäres Imponiergehabe und fesselt ihn endgültig an sich, indem sie ihn vor aller Augen zu perversem Sex verführt: Sie gibt ihm »einen Kuß auf den Mund«! – »Jim stand wie vom Blitz gerührt.« – Eine nur allzu begreifliche Reaktion, denn »der Kuß hat Anspruch auf den Namen eines perversen Aktes«! Er besteht »in der Vereinigung zweier erogener Mundzonen anstelle der beiderlei Genitalien«. Ja, das Küssen kann »leicht zur vollen Perversion werden, wenn es nämlich so intensiv ausfällt, daß sich Genitalentladung und Orgasmus direkt daranschließen, was gar nicht so selten vorkommt«.[8]

---

[1] S. Freud, Drei Abhandlungen zur Sexualtheorie, Frankfurt 1981, S. 92
[2] ders., Vorlesungen zur Einführung in die Psychoanalyse, Frankfurt 1977, S. 127
[3] a.a.O., S. 125
[4] Stendhal, Über die Liebe, Zürich 1981; S. 33 f.
[5] a.a.O.
[6] S. Freud, Drei Abhandlungen..., S. 27
[7] a.a.O.
[8] S. Freud, Vorlesungen, S. 253

Li Sis Geschichte

Während Emma und ihre Passagiere vom Gelben Fluß gen Ping getragen werden, erzählt Li Si, wie sie in die Gewalt von Frau Mahlzahn geraten ist: Die kleine Prinzessin besitzt – das gibt sie selbst zu – »einen furchtbar starken Widerspruchsgeist«. Deshalb konnten die Hofdamen sie noch so oft ermahnen, sich ja nicht allzuweit vom Schloß zu entfernen; die Warnungen bewirkten das genaue Gegenteil: Li Si riß aus und stromerte »auf eigene Faust am Meeresstrand entlang«.

Das Meer hat zu allen Zeiten eine starke Faszination auf tiefsinnige Gemüter ausgeübt. Karl Jaspers schreibt: »Das Meer ist die anschauliche Gegenwart des Unendlichen. ... Das Wohnen, das Geborgensein ist uns unentbehrlich und wohltuend. Aber es genügt uns nicht. Es gibt dieses andere. Das Meer ist seine leibhaftige Gegenwart. Es befreit im Hinausgehen über die Geborgenheit, bringt dorthin, wo zwar alle Festigkeit aufhört, wir aber nicht ins Bodenlose versinken. Wir vertrauen uns dem unendlichen Geheimnis an, dem Unabsehbaren, Chaos und Ordnung.«[1]

Der Existenzphilosoph, der als Kind seine Ferien an der Nordsee verbracht hat, erinnert sich nostalgisch: »Herrlich, sich in den reinen Elementen zu bewegen, in Sturm und Regen an der Brandung entlangzuwandern, ohne Landschaft, ohne Menschen.«[2]

Die gleichen Empfindungen bewegen Prinzessin Li Si, als sie reimt:

»Ach wie herrlich, ach wie schön,
ganz allein am Strand zu gehn.«

Für Jaspers wie für Li Si ist das unendliche Meer ein

»Gleichnis von Freiheit und Transzendenz«. Beide finden es *herr*lich. Doch gibt es einen wesentlichen Unterschied: Jaspers nämlich ist ein Herr, Li Si nur ein kleines Mädchen in einer patriarchalischen Gesellschaft, in der Freiheit und Transzendenz männliche Privilegien sind.

*

Die Frau ist seit vorgeschichtlicher Zeit – das hat Simone de Beauvoir festgestellt – in ihrem Körper, in der Familie, in der Wohnung gefangen, eine Beute des Mannes:

»Trotz der fruchtbaren Kräfte, die die Frau durchdringen, bleibt der Mann ihr Herr, wie er Herr der fruchtbaren Erde ist. Sie ist dazu bestimmt, unterworfen, besessen, ausgebeutet zu werden wie die Natur, deren magische Fruchtbarkeit sie verkörpert. Sie erhält das Leben des Stammes, indem sie ihn mit Kindern und Brot versorgt, sonst nichts: sie bleibt in der Immanenz verhaftet.«[3]

Der Mann dagegen muß hinaus ins feindliche Leben, in den Krieg, zur Jagd oder zum Fischfang. »Er erkämpft fremde Beuten und verleibt sie dem Stamm ein. Krieg, Jagd, Fischfang stellen eine Ausweitung der Existenz dar, ihr Überschreiten auf die Welt hin. Der männliche Mensch bleibt die einzige Verkörperung der Transzendenz.«[4]

Vor diesem Hintergrund gesehen, wird Li Sis Spaziergang am Strand zu einer emanzipatorischen Großtat: Sie läßt den goldenen Käfig ihres Prinzessinnen-Daseins hinter sich, ebenso die traditionelle Frauenrolle, um am Strand der Transzendenz eine eigenständige Form der Existenz zu verwirklichen.

Dazu paßt das zweite Zeilenpaar ihres Liedes:

»Ich bin die Prinzessin Li Si,
weil ich nicht will, mich finden nie sie!«

Li Si definiert sich nicht als Anhängsel eines Mannes (z.B. als Tochter des Kaisers von Mandala), sondern konstituiert sich als autonome Persönlichkeit. Die besorgten Hofdamen werden umsonst nach ihr suchen, weil sie entschlossen ist, sich selbst zu finden. Die ungewöhnliche Wortstellung am Ende zeugt von einem ausgeprägten Gestaltungswillen, ebenso das Ausrufezeichen. Zu Recht ist die Poetin stolz auf ihr Werk: »Ich habe es übrigens ganz allein gedichtet, und es war ziemlich schwer, auf Li Si einen passenden Reim zu finden.« (Daraus läßt sich schließen, daß die Prinzessin kein Englisch spricht. Sonst wäre der Reim ganz easy gewesen.)

Den Höhepunkt dieser feministischen Hymne bildet das Finale:

»Hum dideldum,
Schrum!«

»Hum«, eine mystische Silbe des Lamaismus, bildet den Abschluß der Segensformel »Om mani padme hum« (»O du Kleinod in der Lotosblüte!«). Wenn Li Si diese Silbe bei ihrem Strandspaziergang trällert, erkennen wir daran, daß sie trotz ihres zarten Alters bereits in die Geheimnisse der tibetanischen Spiritualität eingeweiht ist.

Mit »Dideldum!« kehrt Li Si zur westlichen Philosophie zurück. So lautet nämlich der Titel eines Werkes des Neo-Epikureers Wilhelm Busch. Das darin enthaltene Gedicht »Individualität« beginnt mit den Strophen:

»Es ist mal so, daß ich so bin.
Weiß selber nicht warum.

Hier ist die Schenke. Ich bin drin
Und denke mir: Dideldum!

Daß das so ist, das tut mir leid.
Mein Individuum
Hat aber mal die Eigenheit.
Drum denk' ich mir: Dideldum!

Und schaut die Jungfer Kellnerin
Sich auch nach mir nicht um,
Ich weiß ja doch, wie schön ich bin,
Und denke mir: Dideldum ...«[5]

Der Refrain »Dideldum!« ist durch Busch zum Losungswort des heiteren Individualisten geworden. Daß Li Si es hier zwanglos aufgreift, um ihre momentane Gestimmtheit zu charakterisieren, beweist ihre Virtuosität auch im Umgang mit der abendländischen Philosophie-Tradition und zeigt, daß der heitere Individualismus nicht länger eine männliche Domäne ist.

Das »Schrum!« endlich dürfte Li Sis Eigenschöpfung sein. Es ist das Privileg großer PhilosophInnen, neue Wörter und Begriffe zu prägen: Aristoteles schuf, wenn auch unfreiwillig, die »Metaphysik«, Heidegger grübelte über die »Jemeinigkeit« des Todes nach, und Lyotard entdeckte die »Postmoderne«. Li Sis »Schrum!« setzt also eine ehrwürdige Tradition fort. Fehlt nur noch eine Begriffsbestimmung. Die jedoch ergibt sich zwingend aus dem Kontext: »Schrum!« ist offenbar ein mandalanisches Kürzel für: »Gute Prinzessinnen kommen in den Himmel, böse überall hin.«

*

Li Si wird, als sie so mutter- und hofdamenseelenallein am Strand entlangspaziert, von den Piraten der Wilden

Dreizehn geraubt. Ihr Versuch, dem Goldenen Käfig zu entkommen, endet abrupt und ziemlich jämmerlich in einem Eisenkäfig: »Es war so eine Art Vogelbauer, das an einem dicken Haken am Mastbaum aufgehängt war.« Sie bekommt Angst und Durst und kalte Füße.

Nach ein paar Tagen wird sie von ihren Kidnappern an Frau Mahlzahn übergeben. Und damit beginnt eine noch schlimmere Leidenszeit: »Das Leben, das jetzt anfing, war schrecklich langweilig und traurig. ... Das einzige, was mich tröstete, war, daß ich nicht ganz allein und verlassen in meinem Unglück war, sondern daß es noch andere Kinder gab, denen es ebenso ging.«

Schade, daß Frau Mahlzahn keine Schüler-Bücherei unterhielt! Sonst hätte Li Si noch einen zweiten Trost gehabt: Sie ist nämlich nicht das erste Mädchen in der Philosophie-Geschichte, das von Piraten geraubt wird. Und ihre Vorgängerin muß noch viel Schlimmeres erdulden als sie: Die bildhübsche Tochter des (fiktiven) Papstes Urban X. verliert, kaum hat man sie auf das Korsarenschiff verschleppt, ihre Jungfräulichkeit an einen abscheulichen schwarzen Hauptmann, anschließend wird sie in die Sklaverei verkauft, sie erkrankt an der Pest, man läßt sie grausam auspeitschen, bei einer Belagerung wird ihr das halbe Gesäß amputiert, usw. – und all das in der »besten aller möglichen Welten«!

Die Geschichte der malträtierten Papsttochter ist eine Episode des Romans »Candide«, in dem Voltaire die Leibnizsche Metaphysik durch den Kakao zieht. Leibniz hat in seiner »Theodizee« geschrieben: »Es bleibt dabei, daß es eine Unendlichkeit von möglichen Welten gibt, aus der Gott notwendig die beste gewählt haben muß, denn er tut nichts, ohne daß er der höchsten Vernunft gemäß handelt.«[6]

Sehr schön. Aber warum, fragen wir mit Voltaire,

müssen in der »besten aller möglichen Welten« kleine Mädchen in Käfige gesperrt und durch das Absingen anstößiger Lieder gequält werden? »Allerdings kann man sich mögliche Welten ohne Sünde und Unglück vorstellen ... Aber diese selben Welten würden der unseren anderweitig sehr unterlegen an Güte sein. ... Wir wissen im übrigen, daß ein Übel oft ein Gutes verursacht, zu dem man ohne dieses Übel nicht gekommen wäre.«[7]

Auf Li Sis Schicksal angewandt, heißt das: Wenn sie nicht allein am Strand spazieren gegangen wäre, hätte die Wilde Dreizehn sie nicht geraubt, und sie wäre nie zu Frau Mahlzahn gekommen. Dann hätte sie aber auch keine Flaschenpost in den Gelben Fluß werfen können, und Jim und Lukas wären niemals nach Kummerland aufgebrochen. Jim hätte keine Chance gehabt, im Drachenkampf seine Tapferkeit zu beweisen, und die verwöhnte Prinzessin von Mandala hätte einen ungebildeten Hilfslokomotivführer sicherlich keines Blickes gewürdigt.

Kurz: Ohne die Wilde Dreizehn und Frau Mahlzahn kein *happy end* für Jim und Li Si. Und damit wäre Leibniz voll rehabilitiert: »Oft ergeben sogar zwei Übel zusammen ein großes Gut.«[8]

*

Ein Übel sind die Freibeuter natürlich nur für zimperliche, moralverseuchte Gemüter. Bei unvoreingenommener Betrachtung erscheinen sie als »vollkommen gewissenlose und verwegene Kerle«, d.h. sie entsprechen in ihrer ungezähmten Wildheit exakt Nietzsches Ideal des »Übermenschen«:

Dieser »Übermensch« ist keine Inkarnation des

Bösen: »Man mißversteht das Raubtier und den Raubmenschen (...) gründlich, man mißversteht die ›Natur‹, solange man noch nach einer ›Krankhaftigkeit‹ im Grunde dieser gesündesten aller tropischen Untiere und Gewächse sucht, oder gar nach einer ihnen eingeborenen ›Hölle‹ – : wie es bisher fast alle Moralisten getan haben.«[9]

In der Natur gibt es weder Gut noch Böse, sondern nur ein Stark oder Schwach, den Jäger und die Beute: »Daß die Lämmer den großen Raubvögeln gram sind, das befremdet nicht: nur liegt darin kein Grund, es den großen Raubvögeln zu verargen, daß sie sich kleine Lämmer holen.«[10] Und »von der Stärke verlangen, daß sie sich nicht als Stärke äußere, daß sie nicht ein Überwältigen-Wollen, ein Niederwerfen-Wollen, ein Herrwerden-Wollen, ein Durst nach Feinden und Triumphen sei, ist gerade so widersinnig als von der Schwäche verlangen, daß sie sich als Stärke äußere.«[11]

*

Ihre Verbundenheit mit dem Vorbild Nietzsche bekunden die Piraten:

1) durch ihre prächtigen Schnauzbärte;

2) durch ihren Glauben an Nietzsches »ewige Wiederkehr des Gleichen« (Sie singen »immer und immer wieder« das gleiche Lied, und auf Frau Mahlzahns Frage nach Li Sis Preis antwortet der Hauptmann: »Dasselbe wie immer.«);

3) nicht zuletzt auch durch ihre Hymne.

Dieses Lied ist in Form und Inhalt Nietzsches berühmten »Dionysos-Dithyramben« nachempfunden.

»Haha!« schreit Nietzsche in der »Klage der Ariadne«.

»Hu! Hu! Hu! Hu! Huh!...« heult er in »Die Wüste wächst«

»Ho! Ho! Ho!« grölt die Wilde Dreizehn.

Mit heldenhafter Todesverachtung verherrlichen die Seeräuber das, was Nietzsche das »gefährliche Leben« genannt hat:

»Dreizehn Mann saßen auf einem Sarg,
... bis einst alle dreizehn der Teufel holt.«

Was dem Philosophen die Wüste war, ist den Piraten der unendliche Ozean:

»Sie liebten das Meer ...«

Den Zustand der Ekstase – für Nietzsche der Normalzustand – erreichen die Männer der Wilden Dreizehn »durch den Einfluß des narkotischen Getränkes, von dem alle ursprünglichen Menschen und Völker in Hymnen sprechen«[12], d.h. durch ein paar Humpen der Marke »Drachengurgel«:

»Sie soffen drei Tage, der Schnaps war stark,
Ho! Ho! Ho! – und ein Faß voller Rum.«

Was der naiven Li Si als wüstes Saufgelage erscheint, ist also in Wirklichkeit ein ordnungsgemäßes Bacchanal, ein neo-dionysischer Gottesdienst und eine Hommage an den genialischen Schöpfer des »Zarathustra«.

---

[1] K. Jaspers, Was ist Philosophie?, München 1980, S. 7
[2] a.a.O.
[3] S. de Beauvoir, Das andere Geschlecht, Reinbek 1992, S. 99 f.
[4] a.a.O.
[5] W. Busch, Gedichte, Zürich 1974, S. 63
[6] Leibniz, Die Hauptwerke, Stuttgart 1967, S. 183 f.
[7] a.a.O.
[8] a.a.O.
[9] Nietzsche, Jenseits von Gut und Böse, § 197
[10] ders., Genealogie der Moral, I, § 13
[11] a.a.O.
[12] ders., Geburt der Tragödie, § 1

Happy End(e)

Die gefahrvolle Reise hat ein glückliches Ende gefunden. Alfons der Viertel-vor-Zwölfte darf sich jetzt »König der Vereinigten Staaten von Lummerland und Neu-Lummerland« nennen. Emma wird bald die Babylokomotive Molly zur Welt bringen. Jim und Prinzessin Li Si haben sich offiziell verlobt, und es besteht kein Zweifel daran, daß die beiden ein Traumpaar sind.

Jims Vision ist in Erfüllung gegangen: Er sitzt zusammen mit Lukas in der Küche von Frau Waas und erzählt seine Geschichte, »von der nächtlichen Abreise auf der kalfaterten Emma angefangen bis zu ihrer Rückkehr«. Er berichtet von der Fahrt durch das »Tal der Dämmerung« und von Herrn Tur Tur, von der Begegnung mit Nepomuk und den Abenteuern in der Drachenstadt …

Was sich so simpel anhört, ist – philosophisch betrachtet – ein unerhört komplizierter Vorgang: Wer eine Geschichte erzählt, der reiht nicht nur willkürlich irgendwelche Fakten aneinander, sondern er ordnet und deutet zugleich das Geschehene. Durch Auswahl, Verknüpfung und Wertung schafft er einen sinnvollen Gesamtzusammenhang. Die Schilderung eigener Erlebnisse wird zu einem Stück Autobiographie. Erst im Rückblick kann man sich selbst erkennen und definieren. Die Erinnerung daran, *was* er erlebt hat und *wie* er es erlebt hat, zeigt Jim, *wer* er ist.

Wilhelm Dilthey, der Vater der philosophischen Hermeneutik, hat diesen Gedanken folgendermaßen ausgedrückt: »Den eigentümlichen Zusammenhang meines Lebens habe ich nach der Natur der Zeit nur, indem ich mich zurückerinnere an seinen Verlauf.«[1]

Aber auch umgekehrt wird ein Schuh daraus, wie Oliver Sacks ausführt: Nur wer sich als Akteur eines Lebens-Romans begriffen hat, kann sein zukünftiges Leben gestalten. »Jeder von uns hat eine Lebensgeschichte, eine Art innerer Erzählung, deren Gehalt und Kontinuität unser Leben *ist.* Man könnte sagen, daß jeder von uns eine ›Geschichte‹ konstruiert und lebt. Diese Geschichte sind wir selbst, sie ist unsere Identität.«[2]

*

Frau Waas macht große und immer größere Augen, als Jim ihr seine Geschichte erzählt. Denn wenn das *Erzählen* einer Geschichte schon unglaublich diffizil ist, so steht die brave Kaufladenbesitzerin vor einer praktisch unlösbaren Aufgabe: Sie nämlich muß einen anderen Menschen *verstehen*! Noch dazu einen Menschen, den sie anderthalb Monate nicht gesehen hat und der »in der Zwischenzeit viel erwachsener« geworden ist!

Dadurch gerät sie automatisch in einen philosophischen Alptraum, in den berühmt-berüchtigten »hermeneutischen Zirkel«:

»Aus den einzelnen Worten und deren Verbindungen soll das Ganze einer Geschichte verstanden werden, und doch setzt das volle Verständnis des einzelnen schon das des Ganzen voraus«, schreibt Dilthey. »Dieser Zirkel wiederholt sich in dem Verhältnis der einzelnen Geschichte zu Geistesart und Entwicklung ihres Urhebers ...«[3]

Anders formuliert: Wir verstehen ein Wort nur aus seinem Zusammenhang, den Zusammenhang aber können wir nur durch die Worte verstehen (Zirkel Nr.1). Und wir können, was ein Mensch äußert, nur dann wirklich verstehen, wenn wir ihn schon kennen – und kennenlernen können wir den Menschen nur, indem wir seine Äußerungen verstehen (Zirkel Nr. 2). Die Katze beißt sich also gleich zweimal in den Schwanz.

Frau Waas, die sich unversehens in dieser erkenntnistheoretischen Achterbahn gefangen sieht, wird »ganz blaß« und murmelt erschrocken: »Ach du lieber Himmel! Du meine Güte!«

*

Genau genommen, ist der hermeneutische Zirkel kein Kreis, sondern eine Spirale. Man kommt auf dem Weg vom Teil zum Ganzen und vom Ganzen zum Teil zwar immer wieder an die gleiche Stelle, doch nicht auf derselben Ebene: Mit jedem Durchlaufen des Zirkels vertieft sich das Verständnis ein wenig. Je länger Frau Waas Jim zuhört, desto vertrauter wird ihr sein neues Wesen.

Während Frau Waas nur korkenzieherartig *denkt*, haben Jim und Lukas sogar einen Zirkel *durchlebt*. Sie sitzen am Ende ihrer Geschichte wieder genau dort, wo die Geschichte angefangen hat: am Strand von Lummerland. Und doch sind die beiden ein gutes Stück weitergekommen. Sie haben die Fremde kennengelernt, und aus der Fremde ein neues Bild von Lummerland gewonnen. Die Insel, von der sie losgeschippert sind, ist nicht identisch mit der Insel, auf der sie angekommen sind. Und sie selbst haben viele Erfahrungen gesammelt und sind noch selbstbewußter als vor der Reise. Besonders Jim ist in den etwa 45 Tagen, die der Trip gedauert hat, enorm gereift: Er hat sogar schon einen Kuß bekommen!

Über dreißig Jahre sind vergangen, seit ich zum erstenmal ein bestimmtes Buch aus der Schülerbibliothek aufschlug und las: »Das Land, in dem Lukas der Lokomotivführer lebte, hieß Lummerland und war nur sehr klein ...«

Wenn ich heute diesen Satz lese, schließt sich auch für mich ein Kreis: Der gedruckte Text hat sich in all den Jahren nicht gewandelt, der »Jim Knopf« ist – beruhigenderweise – immer noch der alte. Ich aber bin in der Zwischenzeit etwas grauer und gewichtiger geworden. Aus diesem Grunde lese ich das Buch heute ganz anders als damals, in meiner Schulzeit.

Schopenhauer fand, »daß zu Papier gebrachte Gedanken überhaupt nichts weiter sind, als die Spur eines Fußgängers im Sande: man sieht wohl den Weg, welchen er genommen hat; aber um zu sehen, was er auf dem Wege gesehen, muß man seine eigenen Augen gebrauchen«.[4] Als Kind bin ich nägelkauend den Spuren im Sand gefolgt. Ich mußte unbedingt wissen, wie die Geschichte mit Jim und Li Si ausgeht, und habe das Buch, wenn mich meine Erinnerung nicht täuscht, in einem Rutsch verschlungen.

Heute versuche ich, *durch den Text hindurch* zu sehen und mir vorzustellen, was der Autor sich beim Schreiben wohl so alles gedacht hat. Michael Ende war ein gebildeter und weiser Mensch, ein Philosoph, der diese Bezeichnung verdient. Es dürfte kein Zufall sein, daß sich bei einigen Kapiteln eine philosophische Deutung geradezu aufdrängt. Ich lege allerdings nicht meine Hand dafür ins Feuer, daß meine Interpretationen *in jedem Fall* zutreffen. Bei so vielen hermeneutischen Zirkeln kann man schon mal ins Schleudern kommen.

*

»Philosophische Deutung? Aber der ›Jim Knopf‹ ist doch ein Kinderbuch!« –

Wohl wahr! Doch wenn ein dreißigjähriger Mann ein Buch für Kinder schreibt, wird er dadurch nicht selbst zum Kind. Er denkt und fühlt erwachsen, ob er will oder nicht. Er bringt nur – bewußt oder unbewußt – seine Gedanken in eine Form, die Kinder verstehen können. Er setzt Begriffe in Bilder und Handlungen um. Diese Bilderschrift ist ein vielschichtiger und persönlicher Code, in dem manches sich mit etwas Phantasie entschlüsseln läßt, anderes sein Geheimnis hartnäckig bewahrt. Was zum Beispiel bedeutet wohl der merkwürdige dreieckige Platz mit dem runden Brunnenbecken, der hinter dem Haus von Frau Mahlzahn liegt?

Gute Bücher erkennt man daran, daß man sie immer wieder mit frischem Vergnügen lesen kann und daß sie einen – wie gute Freunde – durchs Leben begleiten. Ich denke, der »Jim Knopf« ist so ein Buch, und ich wünsche mir, daß viele Menschen ihn (so wie ich) noch einmal (und immer wieder) zur Hand nehmen, um auf hermeneutischen Rundkursen nach Lummerland zurückzukehren und seine Geheimnisse nach und nach zu lüften. Lummerland, dieses zauberhafte Eiland, liegt, wie im Anfangskapitel erwähnt, etwa auf halber Strecke zwischen Utopia und Liliput, und man braucht nur eine Mußestunde und etwas Phantasie, um hinzugelangen.

Auf alle, die das Buch mit humorvollen und philosophischen Augen lesen, wartet nicht nur ein gemütliches Zimmer im Hause von Frau Waas – mit Halbpension und Blick auf den Bahnhof –, sondern auch eine Rätselreise in die Vorstellungswelt Michael Endes und – sofern man das Ganze nicht tierisch ernst nimmt –

eine launige Sight-seeing-Tour durch die Geistesgeschichte.

*

Und damit verabschieden wir uns von Jim Knopf und Lukas dem Lokomotivführer, die am Strand von Lummerland sitzen und in den Sonnenuntergang schauen. »Sie waren sich einig darüber, daß sie beide bald wieder eine große Fahrt ins Ungewisse unternehmen würden. Es gab noch viele Rätsel, die sie erforschen mußten ...«

---

[1] W. Dilthey, Gesammelte Schriften, Bd.VII, S. 73
[2] O. Sacks, Der Mann, der seine Frau mit einem Hut verwechselte, Reinbek 1988, S. 154
[3] W. Dilthey, a.a.O., Bd. V, S. 330
[4] Schopenhauer, Parerga und Paralipomena, § 291

Verzeichnis der zitierten Philosophen

Aristoteles (384-322 vor)
Er war der Schüler Platons und der Lehrer Alexanders des Großen. Was ihm an Genialität fehlte, machte er durch Fleiß und Gründlichkeit wett. Er sammelte und ordnete das gesamte Wissen seiner Zeit. Nach dem Zeugnis des Diogenes Laertios hat er nicht weniger als 146 Bücher verfaßt. Im Mittelalter galt seine wissenschaftliche Autorität als ebenso unantastbar wie die Offenbarung der Bibel.

Augustinus (354-430)
Der Mann, der später Bischof und ein maßgeblicher Kirchenvater werden sollte, schlug in seiner Jugend gehörig über die Stränge. Erst mit 32 Jahren bekehrte er sich zum christlichen Glauben, dann aber ohne Kompromisse: Er schickte, um Heiliger zu werden, sogar seine langjährige Geliebte in die Wüste. Augustinus' autobiographische »Bekenntnisse« sind ein Glanzstück des persönlichen Philosophierens.

Bacon, Francis (1561-1626)
Der Politiker Bacon brachte es mit Geschick und Skrupellosigkeit bis zum Lordkanzler am englischen Königshof, dem Philosophen Bacon gebührt die Ehre, als erster die Möglichkeiten des technischen Fortschritt begriffen zu haben. Er verlangte von den Menschen, sie sollten sich – so wie Kolumbus es auf dem Meer vorgemacht hatte – auch auf allen anderen Gebieten ins Unbekannte hinauswagen. Und er »erfand« – etwa zeitgleich mit Galilei – das naturwissenschaftliche Experiment. Ein solches Experiment wurde ihm zum Verhängnis. Bei dem Versuch, Vogelfleisch in Schnee zu konservieren, zog er sich eine Bronchitis zu, an der er schließlich starb.

de Beauvoir, Simone (1908-1986)
In ihrem Hauptwerk »Das andere Geschlecht« stellt sie die Frau der Vergangenheit und Gegenwart als das Produkt einer repressiven Sozialisation dar. Es gibt kein wie auch immer geartetes »Wesen der Frau«. Das Credo des Existenzialismus – «Der Mensch ist das, was er aus sich macht.« – gilt auch für das weibliche Geschlecht.

Simone de Beauvoir hat sich auch als Autorin von autobiographischen Romanen und als politische Schriftstellerin profiliert.

Bentham, Jeremy (1748-1832)
Der englische Jurist Bentham suchte nach einem allgemeingültigen Maßstab für die Moral und fand ihn im Prinzip der Nützlichkeit, d.h. im größtmöglichen Glück für die größtmögliche Anzahl von Menschen. Dabei zählt jeder Mensch gleich, das Glück des Königs ist also nicht wich-

tiger als das Glück des Bettlers. Von diesem Gedanken ausgehend, kämpfte Bentham für mehr Demokratie und eine Reformierung des Strafrechts.

Berkeley, George (1685-1753)
Berkeley, ein irischer Bischof, wandte sich gegen den Materialismus, der real existierende Dinge außerhalb unserer Vorstellungen annimmt. Über eine Welt der Dinge können wir nach Berkeley keine Aussagen machen; alles, was wir haben, sind unsere Vorstellungen. Wer behauptet: »Der Tisch dort existiert«, sagt in Wirklichkeit nur: »Ich habe die Wahrnehmung eines Tisches.«

Kommen unsere Wahrnehmungen und Vorstellungen also aus dem Nichts? Nein, schrieb Berkeley: Sie werden von Gott in uns erzeugt.

Bloch, Ernst (1885-1977)
Sein Name ist unauflöslich mit dem Begriff der Utopie verknüpft. In seinem Hauptwerk »Das Prinzip Hoffnung« untersuchte er die unterschiedlichsten Aspekte der menschlichen Gesellschaft, um überall den Zug zum Besseren, den Wunsch nach Vervollkommnung, die Ahnung eines Goldenen Zeitalters zu finden.

Auch private Schicksalsschläge – der frühe Tod seiner ersten Frau, die Emigration während der Nazizeit, die Repressalien in der DDR – konnten seinen quasi-religiösen Glauben an eine glückliche Zukunft der Menschheit nicht erschüttern.

Buddha (560-480 vor)
Der indische Prinz Siddhartha verließ, nachdem er die Jugend in märchenhaftem Luxus verbracht hatte, seine Heimat und wanderte sieben Jahre lang als Bettelmönch durch die Lande. Unter einem Feigenbaum kam ihm die Erleuchtung (Buddha = der Erleuchtete): Alles Leben ist Leiden, Ursache des Leidens sind die Leidenschaften, Leidenschaftslosigkeit beendet das Leiden.

Der Buddhismus ist eine Religion ohne Gott. Auf dem »heiligen, achtfachen Pfad« kann jeder Mensch aus eigener Kraft Erleuchtung und Erlösung finden.

Busch, Wilhelm (1832-1908)
Es mag verwegen scheinen, den Zeichner von »Max und Moritz« zwischen Buddha und Camus einzureihen. Ich tu's trotzdem. Immerhin existieren einige »Platonische Briefe« von Busch an die Schriftstellerin Maria Anderson, in denen er sich zum Pessimismus Schopenhauers bekennt. Und wer Maximen aufstellt wie z.B. »Das Gute (dieser Satz steht fest) / ist stets das Böse, das man läßt«, der ist allemal ein ernstzunehmender Philosoph.

Camus, Albert (1913-1960)
Die Welt, wie er sie sah, war erfüllt von Gewalt, Unmenschlichkeit und Wahnsinn. Sie war absurd. Und dennoch glaubte Camus an den Men-

schen: Jeder, der sich der Absurdität der Welt stellt, der angesichts von Grausamkeit und Not mitfühlt, mitleidet und Hilfe bringt, gibt dem Leben einen Sinn. Camus wurde nicht nur als Philosoph des Absurden berühmt, sondern auch als Schriftsteller. 1957 erhielt er den Literatur-Nobelpreis.

Descartes, René (1596-1650)
Als Zögling einer berühmten Jesuitenschule hatte er eine gediegene scholastische Ausbildung genossen. Doch Descartes fand es wenig reizvoll, die Lehrmeinungen vergangener Jahrhunderte wiederzukäuen. Er unternahm ausgedehnte Reisen, um im »großen Buch der Welt« zu studieren. Zu allem, was er sah, machte er sich seine eigenen Gedanken. Heraus kam eine neue, ursprüngliche Philosophie. Revolutionär waren besonders seine Überlegungen zur Methode: Nicht Bücherstudium und akademische Disputationen, sondern ein offenes Auge und der gesunde Menschenverstand führen zur Wahrheit.

Dilthey, Wilhelm (1833-1911)
Der Berliner Philosophieprofessor widmete sich vor allem der Frage, wie es möglich ist, daß ein Mensch den anderen versteht. In der Hermeneutik, der Kunst des Verstehens, sah er die Grundlage aller Geisteswissenschaften, inklusive der Geschichtsschreibung. Als praktische Übung im Verstehen verfaßte Dilthey mehrere biographische Studien, z.B. über Leibniz und Hegel.

Einstein, Albert (1879-1955)
Der Schüler des Münchener Luitpold-Gymnasiums glänzte durch geistige Abwesenheit. Der Vorprüfer am Berner Patentamt fiel, wenn überhaupt, durch seine Unauffälligkeit auf. Der Zerstörer des Newtonschen Weltbildes und gefeierte Nobelpreisträger imponierte durch seine schlichte Menschlichkeit.

Empedokles (495-435 vor)
Der sizilianische Vorsokratiker lehrte, die Welt sei aus vier »Wurzeln« entstanden: Feuer, Wasser, Luft und Erde. Seine Anhänger verehrten ihn wie einen Gott. Der Starkult scheint ihm zu Kopf gestiegen zu sein. Empedokles soll sich, um durch sein spurloses Verschwinden eine Himmelfahrt vorzutäuschen, in den Krater des Ätna gestürzt haben. Doch man kam ihm auf die Schliche: Der Vulkan schleuderte eine seiner Metallsandalen wieder heraus.

Frege, Gottlob (1848-1925)
Der unauffällige, vom wissenschaftlichen Establishment lange Zeit kaum beachtete Professor der Universität Jena hat der modernen Philosophie zwei entscheidende Impulse gegeben: Er ist der Schöpfer der formalen Logik, und seine Überlegungen wurden zum Ausgangspunkt der modernen Sprachphilosophie.

Freud, Sigmund (1856-1939)
Er entdeckte die Bedeutung von frühkindlichen Erfahrungen für das Seelenleben des Menschen. Neurotische Erkrankungen waren seiner Meinung nach häufig die Folge verdrängter sexueller Wünsche. In den Träumen seiner Patienten sah er Botschaften des Unterbewußtseins. Ziel der von ihm entwickelten Technik der Psychoanalyse ist es, solche Traumbotschaften zu entschlüsseln und die Patienten durch Bewußtmachung des Verdrängten von ihren psychischen Störungen zu heilen. Freud selbst hatte verschiedene Neurosen. So war er, obwohl er an schweren Herzrhythmusstörungen litt, unfähig, sich das Rauchen abzugewöhnen.

Fromm, Erich (1900-1980)
Er praktizierte jahrzehntelang als Psychoanalytiker. In seinen theoretischen Schriften versuchte er, Psychoanalyse und Sozialforschung zu verquicken. Durch Bücher wie »Die Kunst des Liebens« und »Haben oder Sein« wurde er zu einem Wortführer der Alternativ- und Friedensbewegung.

Gadamer, Hans-Georg (geb. 1900)
Der Papst der deutschen Hermeneutik wurde – nach einem Studium der klassischen Philologie – vor allem durch die Begegnung mit Martin Heidegger geprägt. In seinem Hauptwerk »Wahrheit und Methode« untersuchte er die Bedingungen, die jeder Interpretation, jedem Verstehen zugrunde liegen.

Galilei, Galileo (1564-1642)
Er warf Gegenstände vom Schiefen Turm von Pisa, um die Fallgesetze zu überprüfen. Er konstruierte ein Fernrohr und entdeckte damit u.a. die Jupitermonde. Er behauptete, die Erde bewege sich um die Sonne, und wurde deshalb von der Inquisition verfolgt. Nachdem er vor Gericht seine Lehre widerrufen hatte, soll er gemurmelt haben: »Und sie bewegt sich doch.« Dieser Satz bezog sich auf die Erde, nicht auf die katholische Kirche.

Gracián, Baltasar (1601-1658)
Das »Handorakel« des spanischen Jesuitenpaters, ein Lehrbuch des gesellschaftlichen Erfolgs, wurde – von Schopenhauer kongenial übersetzt – in Deutschland zu einem Klassiker. Gracián selbst scheint die 300 Regeln der Weltklugheit, die im »Handorakel« so griffig formuliert sind, nicht beherzigt zu haben. Durch seine satirischen Schriften vergrätzte er hochgestellte Persönlichkeiten, deren Anfeindungen sein Lebensende überschatteten.

Hawking, Stephen W. (geb.1942)
Der geniale, durch eine schwere Krankheit gehandicapte Professor für theoretische Physik ist angeblich »im Begriff, die Formel zu finden, die das Universum erklärt«. Ob er es schafft und ob eine solche Formel überhaupt

existiert, steht in den Sternen. Fest steht dagegen, daß Hawkings »Kurze Geschichte der Zeit« ein atemberaubendes, eminent philosophisches Buch ist.

Hegel, Georg Wilhelm Friedrich (1770-1831)
Er war ein Studienfreund von Hölderlin und Schelling, schlug sich eine Zeitlang als Hauslehrer durch, wurde Gymnasialrektor in Nürnberg. Erst im reifen Alter bekam er seinen Lehrstuhl. Als Professor in Heidelberg und später in Berlin schuf er ein umfassendes idealistisches System, in dem er selbst und seine zahllosen Fans den absoluten Höhepunkt der Philosophie erblickten. Schopenhauer dagegen hielt das Superhirn des preußischen Staates für einen gefährlichen Scharlatan.

Heidegger, Martin (1889-1976)
An Heidegger scheiden sich die Geister. Die einen halten ihn für den größten Denker aller Zeiten, die anderen für einen Virtuosen des pseudo-tiefsinnigen Jargons. Sein Hauptwerk »Sein und Zeit«, dessen Thema nichts Geringeres als das Wesen des Seins ist, hat auf jeden Fall einen ungeheuren Einfluß auf die moderne Philosophie gehabt. Umstritten ist Heidegger auch deshalb, weil er sich 1933 – er wurde damals zum Rektor der Freiburger Uni gewählt – nicht von den Nazis distanzierte.

Heraklit (um 500 vor)
Der Künder des Feuers und Erfinder der Dialektik scheint im Privatleben kein angenehmer Zeitgenosse gewesen zu sein: In den überlieferten Fragmenten erscheint er als arrogant, griesgrämig und verschlossen. Er soll gestorben sein, als er sich, um seine Wassersucht zu kurieren, in einen Misthaufen eingraben ließ.

Hume, David (1711-1776)
Der Einfluß des gutmütigen Schotten auf die Philosophiegeschichte war gewaltig. Kant gab zu, erst durchs Humes Schriften aus seinem »dogmatischen Schlummer« geweckt worden zu sein. Bahnbrechend war Humes Erkenntnis, daß das Prinzip der Kausalität nicht objektiv in der Welt existiert, sondern nur eine Annahme des menschlichen Verstandes ist, und daß deshalb eine Ursache/Wirkung-Beziehung niemals bewiesen werden kann. Neben seinen philosophischen Werken hat Hume auch noch eine vierbändige Geschichte Großbritanniens geschrieben, die ihn als hervorragenden Historiker ausweist. Er war ein außergewöhnlich umgänglicher Mensch. Daß er sich mit Rousseau verkrachte, lag sicherlich nicht an ihm.

Jaspers, Karl (1883-1969)
Ausgebildet zum Psychiater, wandte Jaspers sich bald weltanschaulich-religiösen Fragen zu und entwarf eine eigene Existenzphilosophie: Das Leben ist vom Scheitern bestimmt: Immer wieder stößt der Mensch an die Grenzen seiner Existenz. Die letzte Grenze ist der Tod. Doch wir sind nicht

verloren. Es gibt Zeichen aus dem Jenseits (die »Chiffren der Transzendenz«), die uns als Wegweiser dienen können.

In der Nazizeit hatte Jaspers Lehrverbot. Nach 1945 setzte er sich engagiert mit der Schuldfrage auseinander.

Jung, Carl Gustav (1875-1961)
Ausgehend von der individuellen Psychoanalyse Freudscher Prägung, entdeckte der Schweizer Gelehrte Traumsymbole, die er für allgemeinmenschlich hielt, die sogenannten »Archetypen« des kollektiven Unbewußten. Dieselben Urbilder fand er in den Mythen der Völker und in der Bildersprache der Alchemisten auf.

Kant, Immanuel (1724-1804)
Der kleine, zartbesaitete Professor der Universität Königsberg zermalmte Mitte des 18. Jahrhunderts mit einem Schlag das imposante Gebäude der Metaphysik. In der »Kritik der reinen Vernunft« schlug er vor, die Philosophie solle ihr Augenmerk weniger auf die Objekte der Außenwelt als vielmehr auf das erkennende Subjekt richten. Indem er den Erkenntnisapparat des Menschen analysierte, bestimmte er ein für alle Mal die Grenzen dessen, was ein Mensch wissen kann. Die Existenz Gottes z.B. läßt sich unmöglich beweisen. Privat war Kant, der 1794 wegen seiner Religionskritik mit der Obrigkeit in Konflikt geriet, ein friedlicher und – bei aller Pedanterie – außerordentlich liebenswerter Zeitgenosse.

de La Mettrie, Julien Offray (1709-1751)
Der gelernte Mediziner hatte einen Skandalerfolg mit seinem Buch »L'homme machine«. Wegen seines kompromißlosen Materialismus verfolgt, flüchtete er sich an den Hof Friedrichs des Großen. Dort wurde er als geistreicher Hanswurst geduldet. Er starb, nachdem er Voltaire eine kompromittierende Äußerung des Königs hinterbracht hatte, an einer mysteriösen Vergiftung.

Lao-tse (um 500 vor)
Von diesem chinesischen Weisen ist wenig bekannt und nichts gesichert. Einer Legende zufolge soll er, bevor er sich in die Einsamkeit der Berge zurückzog, das Buch »Tao-te-king« diktiert haben. Darin lehrt er die Vergeblichkeit allen Handelns und verherrlicht die Macht des in sich ruhenden Seins.

Leibniz, Gottfried Wilhelm (1646-1716)
Er konstruierte die erste Rechenmaschine mit Staffelwalzen und entdeckte die mathematischen Grundlagen des Computers. Seine optimistisch-idealistische Philosophie fand wenig Anklang. Der Universalgelehrte Leibniz war ein Arbeitstier, verzettelte sich aber ein wenig. Seine Notizen sind bis heute nicht vollständig ediert.

Marx, Karl (1818-1883)
Er war Mitbegründer der Kommunistischen Partei und hat nie eine Fabrik von innen gesehen. Er forderte die Diktatur des Proletariats und lebte auf Kosten seines Freundes Engels wie ein Großbürger. Er propagierte die Vision einer herrschaftsfreien Gesellschaft und war selbst ein machtbesessener Intrigant.

Als er – politisch gescheitert – im Londoner Exil starb, folgten nur wenige Getreue dem Sarg. Als Wiedergänger war er bekanntlich erfolgreicher.

Neumann, Erich (1905-1960)
Der Psychologe und Jung-Schüler hat sich als Interpret des Mutter-Archetyps einen Namen gemacht.

Nietzsche, Friedrich (1846-1900)
Er glaubte die Menschen auf dem Holzweg. Moral, Humanität und christliche Nächstenliebe hielt er für die Symptome einer allgemeinen Geisteskrankheit, Sokrates und Christus für deren heimtückische Erreger. Der Pastorensohn und Professor der Altphilologie träumte von einer heroischen Welt ohne Mitleid, ohne Gewissen, ohne Reue.

1889 fiel er in geistige Umnachtung. Ein halbes Jahrhundert später – Nietzsche war zur Kultfigur und mit seiner Lehre vom »Übermenschen« zum Liebling der Nazis geworden – fielen die deutschen Truppen in Polen ein.

Parmenides von Elea (um 500 vor)
Er bewies durch einen logischen Kunstgriff, daß das, was in Wirklichkeit existiert, ewig unveränderlich ist. Alle Veränderungen, die wir in der Welt wahrnehmen, sind demnach bloße Sinnestäuschungen. Parmenides zog als erster einen Trennungsstrich zwischen Vernunft- und Sinneserkenntnis. Dadurch wurde er zum Wegbereiter des platonischen Idealismus.

Pascal, Blaise (1623-1662)
Mit zwanzig Jahren erfand er eine neuartige Rechenmaschine. Mit fünfundzwanzig bewies er Torricellis Hypothese vom Gewicht der Luft. Einunddreißig Jahre alt, wurde er durch ein dramatisches Erweckungserlebnis aus der mathematisch-naturwissenschaftlichen in die mystisch-religiöse Bahn geworfen. Seine Gedanken über die Stellung des Menschen in der Schöpfung weisen auf die christliche Existenzphilosophie voraus.

Platon (426-346 vor)
Der bedeutendste Denker der Antike wollte ursprünglich Dichter werden. Durch Sokrates zur Philosophie bekehrt, verbrannte er zwar seine Tragödien, hielt den Musen aber die Treue, indem er seine philosophischen Lehren in kunstvoll gestaltete Dialoge und mythologische Erzählungen verpackte.

In einer Zeit der Kriege und Revolutionen aufgewachsen, träumte er davon, einen absolut stabilen Staat zu schaffen, autark und wehrhaft nach außen, perfekt geordnet im Inneren, von platonischen Philosophen regiert. Der Plan ist nie verwirklicht worden. Zum Glück, muß man wohl sagen. Denn von allen Diktaturen sind die religiös-ideologisch fundierten am schlimmsten.

Prediger Salomo (um 300 vor)
Unter diesem klangvollen Namen verkündete der jüdische Melancholiker Kohelet, daß alles eitel sei. Nur die Liebe entging seinem kulturpessimistischen Rundumschlag: »Wenn zwei beieinander liegen, wärmen sie einander. Wie kann ein einzelner warm werden?«

Pythagoras (um 540 vor)
Während die jonischen Naturphilosophen auf der Suche nach dem Urstoff waren, glaubte Pythagoras, die Urformen der Welt entdeckt zu haben: die Zahlen und ihre Verhältnisse. Die Mathematik wurde somit zur Naturwissenschaft. Eine wichtige Rolle für die Pythagoreer spielte die Musik, in der sie einen Widerhall der kosmischen Harmonie vernahmen.

Rousseau, Jean-Jacques (1712-1778)
Kein Philosoph hat so oft in heißen Tränen gebadet wie Rousseau. Der abgeklärten Aufklärung Voltaires wollte er das ursprüngliche, unverdorbene Gefühl entgegensetzen. »Zurück zur Natur!« war seine Devise, wobei die Natur allerdings nur eine sentimentale Fiktion war. Er feierte Triumphe als Romanautor und wurde wegen seiner alternativen Lebensweise von der feinen Gesellschaft bestaunt, doch sein Lebensende war von Intrigen und Paranoia vergiftet.

Russell, Bertrand (1872-1970)
Er war ein genialer Logiker und Mathematiker, allgemeine Berühmtheit erlangte er jedoch als Gesellschaftskritiker: Er gründete eine der ersten antiautoriären Schulen und trat unerschrocken für eine freiere Sexualmoral ein. Sein radikaler Pazifismus brachte ihn für ein halbes Jahr ins Gefängnis. Er war viermal verheiratet und wurde mit dem Literatur-Nobelpreis ausgezeichnet.

Sacks, Oliver (geb.1933)
Der Mann, der durch Bücher wie »Der Mann, der seine Frau mit einem Hut verwechselte« und »Zeit des Erwachens« berühmt wurde, arbeitet als Professor für Klinische Neurologie. Die von Sacks einfühlsam geschilderten Kranken- und Lebensgeschichten geben neue, überraschende Antworten auf Kants alte Frage »Was ist der Mensch?«

Sartre, Jean-Paul (1905-1980)
Er hat aus der professoral-schwerfälligen deutschen Existenzphilosophie das radikale Weltbild des französischen Existenzialismus geformt. Sein

Roman »Der Ekel« wurde zur Bibel einer ganzen Generation von schwarz gekleideten, kettenrauchenden, zu allem entschlossenen Bistro-Theoretikern. Legendär ist seine lebenslange Freundschaft mit Simone de Beauvoir. Gemeinsam kämpften die beiden gegen Faschismus und Kolonialismus, für Freiheit und Gleichberechtigung.

Schopenhauer, Arthur (1788-1860)
Er muß ein ziemliches Ekel gewesen sein. Selbst seine eigene Mutter fand ihn unausstehlich. Aggressiver Weltschmerz, unerhörtes Selbstbewußtsein, gepaart mit einer funkensprühenden Intelligenz – das ergibt eine explosive Mischung.

Schopenhauers Versuch, das Hegelsche Denkgebäude in die Luft zu sprengen, scheiterte jedoch kläglich. »Die Welt als Wille und Vorstellung«, sein Hauptwerk, erwies sich als Rohrkrepierer. Es dauerte Jahrzehnte, bis dem Buch und seinem grantigen Autor der verdiente Ruhm zuteil wurde. Wenn Schopenhauer heute Kultstatus genießt, so liegt das nicht zuletzt an seinem Schreibstil. Weder vor noch nach ihm hat ein deutscher Philosoph so brillant, so bissig und witzig formuliert.

Seneca (4 vor-65)
Als er von Kaiser Nero zum Selbstmord getrieben wurde, lag ein dramatisches Leben hinter ihm: eine glänzende Karriere als Redner, acht Jahre der Verbannung, fünf Jahre als »Kaiser ohne Purpur« an der Spitze des römischen Imperiums. Er war unermeßlich reich und hatte sich als Tragödiendichter einen Namen gemacht.

Seine rhetorisch unerhört wirkungsvollen philosophischen Schriften weisen ihn als Stoiker und Humanisten aus. Noch mit aufgeschlitzten Pulsadern soll er seelenruhig philosophiert haben.

Sloeterdijk, Peter (geb. 1947)
Die guten Ideen kommen meist von Außenseitern. Auch und gerade in der Philosophie. Sloeterdijks »Kritik der zynischen Vernunft« ist eine lustvoll-bissige Generalabrechnung mit dem Zynismus einer pervertierten Aufklärung, in der »Lügner Lügner Lügner nennen«.

Sokrates (470-399 vor)
Er stammte aus einfachen Verhältnissen und behauptete von sich: »Ich weiß, daß ich nichts weiß.« Weil er nichts wußte, fragte er die gebildeten Athener um Rat und nahm ihre Antworten nach allen Regeln der Dialektik auseinander. Dabei stellte er fest, daß sie noch weniger wußten als er. Ihnen nämlich war nicht einmal klar, daß sie nichts wußten. Daß man sich durch die Demaskierung der Dummheit nicht nur Freunde macht, mußte Sokrates erfahren, als man ihn u.a. wegen Gotteslästerung anklagte, zum Tode verurteilte und hinrichtete. Xenophon und vor allem Platon haben seinen Nachruhm begründet.

de Spinoza, Baruch (1632-1677)
Im Alter von 24 Jahren wurde er wegen seiner unorthodoxen, durch Descartes und Hobbes beeinflußten Ideen von der jüdischen Gemeinde Amsterdams ausgestoßen. Er lehnte einen Ruf an die Universität Heidelberg mit der Begründung ab, er wolle sich die Gedankenfreiheit bewahren. Seinen Lebensunterhalt verdiente er als Linsenschleifer.

Stendhal (1783-1842)
Der Autor von »Rot und Schwarz« und »Die Kartause von Parma« hatte mehr als nur eine philosophische Ader. Nietzsche schrieb über ihn: »*Das* ist ein Mensch nach meinem Geschmack!«

Thales von Milet (650-560 vor)
Er war der Begründer der griechischen Philosophie. Seine Behauptung, Urstoff der Welt sei das Wasser, rief jede Menge Erstaunen hervor, und das ist bekanntlich der Anfang des Philosophierens.

Voltaire (1694-1778)
Er war die beherrschende Gestalt der französischen Aufklärung. Keine Dummheit, keine Ungerechtigkeit war vor seiner spitzen Feder sicher. Sein bevorzugtes Angriffsziel war die Kirche. Logisch, daß er sich immer wieder in die Nesseln setzte: Er saß ein Jahr in der Bastille, mußte für drei Jahre ins Exil nach England gehen, auch seine Freundschaft mit Friedrich dem Großen endete mit einem dramatischen Zerwürfnis. Sein heute bekanntestes Werk, der Roman »Candide«, stellt die Welt als einen Ort dar, der vom blinden Zufall regiert wird. Der Mensch ist daher gut beraten, wenn er in heiterer Resignation »seinen Garten bestellt«.

Wittgenstein, Ludwig (1889-1951)
Er war ein genialer Exzentriker. Sein erstes Buch, der »Tractatus logico-philosophicus«, in dem der Mittzwanziger alle philosophischen Probleme hinreichend gelöst zu haben glaubte, entstand in den Schützengräben des Ersten Weltkrieges. Wittgenstein hatte Millionen geerbt und lebte wie ein Asket. Als Lehrer an einer österreichischen Zwergschule riß er begriffsstutzige Mädchen an den Zöpfen, als Professor in Cambridge disputierte er mit den brillantesten Köpfen der Zeit, vor seinem Tod zog er sich in die grandiose Öde der irischen Westküste zurück.

Sein Interesse galt zeitlebens dem Verhältnis zwischen der Wirklichkeit und ihrem sprachlichen Ausdruck. Der eigentliche Wittgenstein aber – der selbstquälerische Mystiker – begann dort, wo keine Sprache hinreicht.